\誰でも/
\わかる/

決算書の

読み方 1年生

南伸一

西東社

はじめに

　世の中にはたくさんの数の会社が存在しています。そのなかには、開発した製品が爆発的に売れ、大きく儲かっている順風満帆な会社もあるでしょうし、逆に今にも資金が尽きてしまいそうなどん底の会社もあります。

　つまり会社の数だけ、いろいろなドラマがあるわけですが、私たちは、その会社の看板やホームページを見ただけでは、その会社で起きているドラマを知ることができません。超高層ビルに入っている会社でも倒産寸前ということもありますし、ほっ立て小屋のような会社が大儲けしていることだってあります。

　この会社で起きているドラマをもっとも正確に知ることができるのが「決算書」です。決算書には、その会社がどのくらい儲かっているか、お金がいくらあるか、給料はどれくらい支払われているか、その会社の社長や役員がどれくらい報酬をもらっているか…などが記載されています。

　また、その会社の決算書を数年分見比べることによって、成長している会社なのか、衰退している会社なのかを知ることができますし、ライバル会社の決算書と比較することで、どちらの会社が優っているのかなども知ることができます。

　決算書は興味本位で見るだけでも十分楽しめますが、ビジネスでも役立ちますし、株式投資などにも役立てることができます。決算書が読めるようになれば、今まで見えなかった世界が見えるようになります。

　多くの方に決算書が読めるようになってもらいたいとの思いで、難解と思われがちな決算書の読み方をわかりやすさを第一に、この本を書きました。みなさんの世界を広げる一助になれば幸いです。

簿記の教室メイプル
代表　**南　伸一**

※本書は、多くの読者に好評をいただいた、2016年刊行の『オールカラー“ギモン”から逆引き！決算書の読み方』を、最新の情報を盛り込み、より読みやすく文字、判型を調整した本です。

本書の特長と構成

本書は豊富な図解とイラストによる、わかりやすい解説が特長です。
大きくは、各決算書の基本知識を解説する第1章〜第3章と、
決算書上の疑問点から、読み解き方の基本、
経営分析のしかたなどがわかる
第4章〜第6章に分けることができます。

決算書

テーマにかかわる決算書を掲載。どの部分を見ればよいのかがひと目でわかる。

豊富な図解

豊富な図解とイラストにより、わかりやすさをアップ。

用語解説

本文中の「＊」付きの青色の文字と対応して、用語の意味を解説。

プラス情報

さらに踏み込んだ情報を掲載。

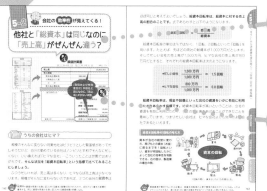

逆引き

"ギモン"から逆引きして、経営分析などをマスターできる。

決算書

決算書を見るときに注意したいポイント。経営分析に用いる項目などをピックアップ。

3

目　次

はじめに ……………………………………………………………………………………… 2

本書の特長と構成 ……………………………………………………………………… 3

序章 まずは「決算書」を知ろう！ ……………… 9〜20

決算書早わかり！1　決算書で大事なのはこの3つ！ ……………… 10

決算書早わかり！2　決算書は何で必要なの？ ……………………… 12

決算書早わかり！3　決算書で何がわかる？ ………………………… 14

決算書早わかり！4　決算書の基本8つのポイント ………………… 16

COLUMN①　デキるビジネスパーソンは決算書が読めないとダメ!? ……… 20

第1章 損益計算書（P/L）のしくみと見方 ……… 21〜54

1-1　損益計算書を読むと企業の"利益"が見えてくる！ …………… 22

1-2　くわしく知ろう！ 損益計算書の「5つの利益」 ……………… 26

1-3　「利益」と「現金」は違うもの。利益について正しく知ろう！ …… 32

1-4　本業での好不調がわかる！「売上高」のしくみ ……………… 34

1-5　「売上原価」の大小は利益に大きく関わっている！ ………… 36

1-6　売上を出すための犠牲？「販売費及び一般管理費」 ………… 40

1-7　本業以外の儲け、損が見える！「営業外収益」と「営業外費用」… 44

1-8　「特別利益」「特別損失」は非日常的な「収益」と「費用」 ………… 46

1-9　法人税"以外"に注意！ 3つの税金「法人税等」 …………… 48

どっちがどっち？ 比べてわかる！ 損益計算書 ……………………… 50

COLUMN②　決算書で大事なのは比較すること！ …………………… 54

第2章 貸借対照表（B/S）のしくみと見方……55〜90

2-1 貸借対照表を読むと企業の"財務"が見えてくる！ …………… 56

2-2 どんな貸借対照表も3つの要素で構成される！ …………… 60

2-3 現金化のしやすさがわかる！「流動資産」のしくみと分類 ………… 62

2-4 現金化しにくいけど大事！「固定資産」のしくみと分類 …………… 66

2-5 早めの返済が必要！「流動負債」のしくみと分類 ………… 70

2-6 「固定負債」が多いことは実は悪いことではない!? …………… 74

2-7 「株主資本」は会社の"お金の余裕"をあらわす！ …………… 78

2-8 "時価"の資産は評価に注意！「評価・換算差額等」のしくみ …… 82

2-9 未来の会社の資本！「新株予約権」のしくみ ………… 84

どっちがどっち？ 比べてわかる！ 貸借対照表 …………… 86

COLUMN③ 世界で通用する決算書「IFRS」とは？ …………… 90

第3章 キャッシュフロー計算書（C/F）のしくみと見方……91〜118

3-1 キャッシュフロー計算書から会社の"お金"が見えてくる！ ………… 92

3-2 キャッシュフロー計算書は"ウソがつけない"決算書！ …………… 96

3-3 「営業キャッシュフロー」がプラスかマイナスかがキモ！ …………… 98

3-4 マイナスの方が成長企業？「投資キャッシュフロー」の見方 …… 102

3-5 「財務キャッシュフロー」でお金の借入・返済が見える！ ……… 104

3-6 3つのキャッシュフローの区分から会社のタイプがわかる！ … 106

3-7 よい会社はもっている「フリーキャッシュフロー」 ················ **110**

どっちがどっち？ 比べてわかる！ キャッシュフロー計算書 ········ **114**

COLUMN ④ 簿記と会計の蜜月のカンケイ！ ······················· **118**

第**4**章 "ギモン"から決算書を読み解く！
「利益・資産・負債編」 ·················· **119～154**

導入 利益・資産・負債で「会社の今の姿」がわかる！ ············· **120**

4-1 「売上高」がすごく多いのはどんな会社だといえるの？ ············ **122**

4-2 「当期純利益」がプラスならいい会社だといえる？ ················ **124**

4-3 「経費」が異様に多いのはどういう状態なの？ ··············· **128**

4-4 「売上高」は多いけど「利益」が出ていない？ ················· **130**

4-5 「利益」が出ている場合、それは何に使われるの？ ··············· **132**

4-6 「税金」の多い会社はいい会社？ 悪い会社？ ················· **134**

4-7 高額な「不動産」をもつ会社は優良企業になるの？ ············· **138**

4-8 「現金」が極端に少ない会社だけど大丈夫？ ················· **140**

4-9 「固定資産」が急に増えているけど大丈夫？ ················· **142**

4-10 会社の「資産」がどんどん減っている…？ ················· **144**

4-11 「借金」が多いのは悪い会社なの？ ··················· **146**

4-12 「資産」は多いけど「現金」でないものばかり…？ ············· **148**

実践ドリル！ 前年比で実態を読み取ろう！ ① ················· **152**

COLUMN ⑤ 会計はルールと法律が土台にある ··············· **154**

第5章 "ギモン"から決算書を読み解く！「収益・安全・成長編」……155〜214

導入	「会社の今」は収益・安全・成長で比較！	156
5-1	「売上高」に比べて「営業利益」が少ない？	158
5-2	他社と「総資本」は同じなのに「売上高」がぜんぜん違う？	162
5-3	「自己資本」と「他人資本」は多いのに「経常利益」が少ない…	166
5-4	「純資産」は多いのに「当期純利益」が少ない…	170
5-5	「売上高」に対して「変動費」が高すぎる…？	174
5-6	「売上高」は多いのに「営業CF」が少ない？	178
5-7	「売掛金」の金額が「売上高」に対して多すぎる？	180
5-8	どうしてこんなにも「貸倒引当金」があるの？	182
5-9	「流動資産」よりも「流動負債」の方が多い…	184
5-10	「当座資産」よりも「流動負債」が多くていいの？	188
5-11	「純資産」よりも「借金」が多いけど大丈夫？	190
5-12	「利益剰余金」が多いのはいい会社？	194
5-13	「利益剰余金」がマイナスになっている…	196
5-14	「売掛金」が異常に増えているけど大丈夫？	200
5-15	「研究開発費」が増えているのはなぜ？	202
5-16	「固定資産」「減価償却費」の多さは何を意味するの？	204
5-17	「株主資本」が少ないとどんな影響が出るの？	206
5-18	「のれん」が増えているのはどういうこと？	208
実践ドリル！	前年比で実態を読み取ろう！②	212
COLUMN⑥	モノの原価で経営が見えてくる	214

第6章 "ギモン"から決算書を読み解く！「商品管理・給与・連結編」………215〜244

導入 商品管理・給与・連結で「会社の潜在能力」を見る！……… 216

6-1 「商品」(在庫)が多すぎる？ ………………………………… 218

6-2 「商品」や「材料」が「売上高」より多い…？ ………………… 220

6-3 「売上原価」よりも「棚卸資産」が多くていいの？ ………… 222

6-4 「棚卸資産」が増えて「現金」が減っている？ ……………… 224

6-5 「売上総利益」が高いのは「付加価値」が高い証拠？ ……… 226

6-6 「従業員」に比べて「売上総利益」が少ない？ ……………… 228

6-7 「人件費」の割合が高すぎる？ ………………………………… 232

6-8 「連結決算」にしか出てこない項目がある？ ………………… 236

実践ドリル！ 前年比で実態を読み取ろう！③ ………………… 242

COLUMN⑦ 数字が3桁ずつ区切られるのはなぜ？………………… 244

巻末特集＆索引 ……………………………………………… 245

　経営指標のまとめ ……………………………………… 246

　決算書から引く！ 用語索引 ………………………… 250

　五十音から引く！ 用語索引 ………………………… 253

※本書は特に明記しない限り、2021年9月30日現在の情報に基づいています。

序章

まずは「決算書」を知ろう!

決算書は会社のことを知るのに欠かせないもの。
決算書がなぜ必要か？　決算書から何がわかるのか？
まずは基本を押さえましょう。

決算書で大事なのはこの3つ！

会社がつくる決算書には、おもに3つの種類が存在します。それが損益計算書（P/L）、貸借対照表（B/S）、キャッシュフロー計算書（C/F）です。これらをまとめて決算書、または財務諸表、計算書類などと呼んでいます。

損益計算書

会社の業績がわかる！

「収益」「費用」「利益」がこの表に記載されます。収益はどれだけ稼ぐことができたかを、費用はどれだけコストを使ったかを、利益はどれだけ儲けたかをあらわしています。つまり、会社の"業績"を見てとることができる表といえます（➡第1章）。

PL 損益計算書

自○○年4月1日 至○○年3月31日 （単位：千円）

売上高		1,000,000
売上原価		
期首商品棚卸高	200,000	
当期商品仕入高	500,000	
合　計	700,000	
期末商品棚卸高	100,000	600,000
売上総利益		400,000
販売費及び一般管理費		
給料	40,000	
支払家賃	30,000	
減価償却費	20,000	
貸倒引当金繰入	10,000	100,000
営業利益		300,000
営業外収益		
受取利息	9,000	
有価証券利息	7,000	
有価証券売却益	6,000	
受取配当金	8,000	30,000
営業外費用		
支払利息	1,000	
社債利息	3,000	
有価証券評価損	2,000	
雑損	4,000	10,000
経常利益		320,000
特別利益		
固定資産売却益		50,000
特別損失		
火災損失		20,000
税引前当期純利益		350,000
法人税等		140,000
当期純利益		210,000

貸借対照表
○○年3月31日　　　（単位：千円）

資　産　の　部		負　債　の　部	
流動資産		**流動負債**	
現金預金	500,000	支払手形	200,000
受取手形	300,000	買掛金	300,000
売掛金	400,000	未払金	40,000
有価証券	50,000	未払費用	10,000
商品	250,000	未払法人税等	50,000
前払金	10,000	流動負債合計	600,000
前払費用	4,000	**固定負債**	
貸倒引当金	△ 14,000	長期借入金	500,000
流動資産合計	1,500,000	社債	900,000
固定資産		固定負債合計	1,400,000
有形固定資産		負債合計	2,000,000
建物	1,000,000	純　資　産　の　部	
減価償却累計額	△ 300,000	**株主資本**	
備品	500,000	資本金	1,000,000
減価償却累計額	△ 100,000	資本剰余金	
無形固定資産		資本準備金	200,000
のれん	300,000	その他資本剰余金	30,000
投資その他の資産		利益剰余金	
子会社株式	200,000	利益準備金	100,000
長期貸付金	400,000	その他利益剰余金	
固定資産合計	2,000,000	別途積立金	60,000
		繰越利益剰余金	40,000
		自己株式	△ 30,000
		評価・換算差額等	
		その他有価証券評価差額金	2
		新株予約権	8
		純資産合計	1,50
資産合計	3,500,000	負債および純資産合計	3,50

 貸借対照表

会社の
財産がわかる！

「資産」「負債」「純資産」がこの表に記載されます。資産は会社がどれだけお金や、お金に変えることのできる資産をもっているかを、負債はいくら借金があるかを、純資産はいくら株主からお金を集めたかや、利益の蓄えがあるかをあらわします。つまり、会社の "財産" がわかる表です（➡第2章）。

キャッシュフロー計算書
自○○年4月1日　至○○年3月31日　（単位：千円）

営業活動によるキャッシュフロー	
税引前当期純利益	15,000
減価償却費	2,000
貸倒引当金の増加額	500
受取利息及び受取配当金	△ 400
支払利息	300
有価証券売却益	△ 200
有価証券評価損	300
固定資産売却損	1,000
売上債権の増加額	△ 8,000
棚卸資産の増加額	△ 500
仕入債務の増加額	2,000
小　計	12,000
利息及び配当金の受取額	300
利息の支払額	△ 400
法人税等の支払額	△ 4,900
営業活動によるキャッシュフロー	7,000
投資活動によるキャッシュフロー	
有価証券の取得による支出	△ 250
有価証券の売却による収入	350
有形固定資産の取得による支出	△ 9,000
有形固定資産の売却による収入	4,400
投資活動によるキャッシュフロー	△ 4,500
財務活動によるキャッシュフロー	
短期借入れによる収入	1,500
短期借入金の返済による支出	△ 1,000
長期借入れによる収入	2,000
長期借入金の返済による支出	△ 500
配当金の支払額	△ 1,500
財務活動によるキャッシュフロー	500
現金及び現金同等物の増加額	3,000
現金及び現金同等物の期首残高	42,000
現金及び現金同等物の期末残高	45,000

キャッシュフロー計算書

会社のお金の
動きがわかる！

キャッシュとは現金などのことです。つまり、「現金の動き」をあらわした表になります。会社の売上として入ってきたお金だけでなく、銀行から借りたお金やお金をどれくらい使ったかまでが、この表にあらわされます（➡第3章）。

決算書は何で必要なの？

決算書は、会社の状態を数字であらわしたものであり、会社の正しい状態を知るための書類です。決算書がなければ、その会社がどれだけ儲けていて、どれだけお金をもっているかはわかりません。つまり、その会社を"正しく"知るための唯一の方法といえます。

会社の成績表

　会社の一定期間の活動をまとめたものが決算書になります。学生でも社会人でも、**数字で評価され**るのが常ですが、会社も同じことです。決算書の内容のよし悪しによって、投資家が投資をしてくれたり、株の値段が上がったり下がったりすることになるので、決算書はまさに「**会社の成績表**」といえます。

会社をまる裸にする

イヤ〜ン

　決算とは、出て行ったお金（＝**支出**）と入ってきたお金（＝**収入**）の計算をすることです。お金の出入りをすべて記すことで、これまでに**いくら使ってきたか、いくら稼いできたか**が、すべて手に取るようにわかるようになっています。会社だって、あまり知られたくないような都合の悪いこともあります。そんな**マイナスの情報もしっかり記載**されることになるので、決算書を読むことができれば、まさに会社をまる裸にすることができるのです。

決算書はこんな人たちに役立つ！

　決算書は、自分の会社で使用することもありますが、基本的には自分の会社に投資してくれた人などのために作成されるものです。具体的には、**投資家や株主、銀行**などの債権者ですね。外部の人たちにとっては、会社の業績を知る手段は決算書以外にありません。ですから決算書は、**対外的な業績報告書として、とても大事な書類**なのです。

❶ 経営者

会社経営を行う社長や役員は、経営方針を決めるためにも決算書を読めなければなりません。

❷ 従業員

経営陣の座をねらう管理職や、取引先の会社のよし悪しを判断しなければならない営業マンなどの会社員も、決算書を読めることが求められます。

❸ 出資者
（投資家など）

どの会社に出資するのかを決める判断材料として、決算書は不可欠なものになります。

❹ 債権者
（銀行など）

融資して返済ができる安全な会社かどうかを判断するのに、決算書が用いられます。

❺ 消費者

高額商品の購入では、アフターフォローも考えると、将来つぶれない会社かどうかを知っておきたいものです。

決算書で何がわかる？

決算書で大事な「損益計算書」「貸借対照表」「キャッシュフロー計算書」には、会社の3つの活動の内容が記入されています。

決算書にはそれぞれの役割がある！

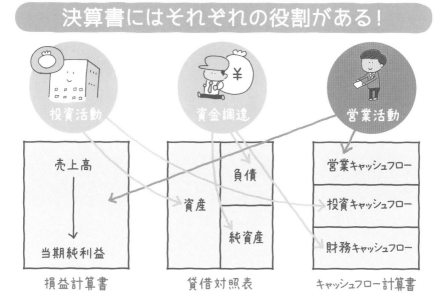

「営業活動」は、本業での活動を示すものです。スーパーやコンビニならば、いくら売れて、仕入にいくら使って…ということであり、**損益計算書とキャッシュフロー計算書にその内容が記されます。**

「資金調達」はどうやってお金を集めてきたかをあらわすものです。借金なのか、それとも出資者から集まったお金なのかは、**貸借対照表とキャッシュフロー計算書に記されます。**そして「投資活動」は、会社のお金をどのように使っているかを示し、**貸借対照表とキャッシュフロー計算書に記されます。**つまり、これらの3つの表を見れば、会社の活動がすべてわかるということになります。

① 儲けている会社かどうかが**わかる**

「儲け」とは、利益が出ているということです。一般的には「黒字が出ている」などとも表現され、経費などを除いて会社にどれだけ儲けが残ったかを意味します。儲けは多いほどよいのはもちろんですが、会社のお金をより効率的に儲けへとつなげることが大切です。そのことを会社の収益性（➡P159）といい、儲かっている会社の目安となります。

② 倒産する会社かどうかが**わかる**

人間でも、体調が悪くなって倒れるまでには、何らかの予兆があるものです。進行の度合いが増していくような病気であれば、時間の経過とともに最後の時期を予想することもできるでしょう。会社も同様で、倒産する前には、決算書のさまざまな箇所に何らかのサインがあらわれます。代表的なものが、会社の安全性に関係してくる借金の多さや、現金の不足などになります。

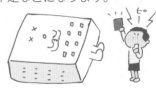

③ 伸びている会社かどうかが**わかる**

会社に課せられた使命のひとつに、「成長」があります。創業時を赤ちゃんにたとえれば、幼年期を経て、少年になり、青年、壮年…と、人のようにどんどん成長していく運命にあるといえます。ただし、寿命はさまざまです。大きく、長く事業活動を行っていくには、会社自体の努力が不可欠。それが会社の成長性であり、設備投資などにあらわれてきます。

15

決算書の基本8つのポイント

ここでは、決算書を理解する上で知っておきたい8つのポイントについて
見ていきましょう。

ポイント その1　決算書の作成は義務

決算書は、法律によって作成が義
務付けられています。法人格の会社
のみならず、個人事業主でも決算書
を作成しなければなりません。正し
い税金を算出するためにも決算書は
必要であり、税務署への提出義務も
あります。

ポイント その2　決算書は会社の経理担当が作成！

決算書を作成するのは、会社の経
理の担当者や部署です。なかには税
理士などが担うケースもあります。
決算書の作成には、日々の取引を整
理することからはじめて、それらを
集計して最終的に決算書を作成しま
す。なお、決算書作成には、会計や
簿記の知識が必要になってきます。

経理担当

ポイント その3　決算書は1年に1回以上つくる！

　決算書は1年間の企業活動によって得られた成果を数字にしたものです。したがって、最低でも1年に1回以上は決算書を作成しなければならないことが法律で定められています。一般的に大企業などでは、より細やかに会社の業績がわかるように、半年分の中間決算や、四半期ごとの四半期決算などを行っています。四半期決算では、1年を4分割して、3か月ごとに第1四半期〜第4四半期の決算書がつくられます。

ポイント その4　決算書をつくるタイミング！

　いつからいつまでを決算期とするかは会社の自由ですが、4月1日〜3月31日の年度をベースとしている会社が多いです。この場合の決算書の作成では、3月31日の取引までを組み入れなければならないので、自ずとそれ以降の作成になります。税務上は、原則として決算が終わって2か月以内に、決算書を税務署に提出しなければなりません。

ポイント その5　決算書は会計ルールにそってつくられる！

　会計では、組織でのお金やモノの
出入りを、「貨幣という数字」で記録
して管理することがルールです。そ
れぞれの会社が販売している商品の
個数や、サービスの回数などで自由
にあらわしては、ほかの会社との比
較ができなくなってしまうためです。
さらに会計には細かなルールがたく
さん設けられていますが、これらも
同じ条件で決算書を比べられるよう
にするためです。

ポイント その6　決算書でのウソは犯罪になる！

　決算書は自社でつくるため、本当は赤字にもかかわらず黒字に見せ
るようなこともできます。このことを粉飾決算（➡ P200）といいます。
こういった行為は特別背任罪や詐
欺罪などの刑事罰の対象にもな
り、処罰を受けることになります。
会社が粉飾決算をしないよう、大
企業などでは第三者による監査が
行われており、正しく決算書がつ
くられているかを公認会計士や監
査法人がチェックしています。

ポイント その7　決算書には子会社の情報も表示！

　大企業などは子会社をもっていることが多いものです。親会社が儲かっていても子会社が大赤字であれば、グループ全体としては必ずしも黒字とは限りません。決算書の数字の正確性を高めるため、親会社の決算に子会社の分もまとめることを「連結決算」といい、一般的に親会社の単独の決算書とともに連結の決算書も作成しています。かつては単独決算が重視されていましたが、現在は連結決算が重視されています。

親会社

子会社　子会社　子会社

ポイント その8　決算書は誰でも手に入れられる！

　決算書は上場している企業のものなら簡単に見ることができます。EDINETという決算書を閲覧できるWebサイトがあるので、好きな企業名を検索してみましょう。また、企業のホームページにIR情報というものがありますので、そこでも確認することができます。非上場企業なら、東京商工リサーチや帝国データバンクなどの調査機関による企業名鑑で確認する方法もあります。

▲金融庁の EDINET
（https://disclosure.edinet-fsa.go.jp）の
トップページ。

デキるビジネスパーソンは決算書が読めないとダメ!?

ビジネスパーソンの3種の神器

　現代のビジネスパーソンに必要な3大スキルといえば、「IT」「英語」、そして「会計」が代表的なものとしてあげられるでしょう。現代のビジネスパーソンの"3種の神器"などと称されることもあるほどです。

　「IT」であれば、最低でも「ワード」「エクセル」「パワーポイント」を使いこなすスキルはどこの会社でも求められますし、「英語」であれば英語のコミュニケーション能力を重視する傾向は特に大企業を中心に多いものです。

　「会計」で求められるのは、まさに決算書を読むスキルです。従来は財務や経理部門の担当者だけのものだった決算書を読むスキルですが、いまやそのほかの部門のビジネスパーソンも避けては通れない時代になっています。

決算書を読むスキルでビジネス力をアップ

　決算書を読むスキルは、あらゆるビジネス界に通用する共通言語といえ、そのスキルの重要度は日増しに高まりつつあります。このスキルを駆使すれば、会社の実態をとらえることができるためです。逆にいえば、決算書が読めなければ自社であろうが、取引先の会社であろうが、会社の本当の姿は見えてこないことになります。

　仮に新規で取引を開始する会社があるとしましょう。決算書を見ないで取引をはじめるなら、目隠しをした状態で、相手の素性も知らないまま、お金がからむ付き合いをするようなものです。やはり、相手の経営状態を決算書でしっかりと把握して取引を開始する方が、リスクは格段に減らせます。

　自分の会社内でも決算書が読めると、メリットがあります。自社の経営計画や経営指標の理解も深まり、ビジネスそのものの能力を高めることもできます。つまり、ビジネスにおいて決算書が読めるということは、いいことづくしといえます。

第1章

損益計算書(P/L)の
しくみと見方

会社の儲けを知るのに不可欠な決算書。
「5つの利益」の違いをしっかりと理解することが、
会社の儲けの構造を判断する手がかりになります。

損益計算書を読むと企業の"利益"が見えてくる！

損益計算書の要素は3つだけ！

損益計算書（略称P/L）は、会社が1年間でどのくらい儲かったのか、あるいは損をしたのかをあらわした表です。通常、会社の作成する損益計算書は右ページのような表になります。

損益計算書を構成するおもな要素は3つだけです。それは、「収益」「費用」「利益」です。「収益から費用を引いて利益を計算する」という表になっていることを、まずは理解しておきましょう。

「収益」と「利益」の違いを明確に！

わかりづらいのが「収益」と「利益」の違いです。混同すると理解を妨げるので、最初にしっかりと違いを整理しておかなければなりません。同じ「儲け」の意味である両者の違いがどこにあるかというと、**「収益」は費用を引く前の儲けのことであり、「利益」は費用を引いたあとの儲けであるという点です。**私たちの給料でたとえるならば、「収益」は税金や社会保険料などを控除する前の支給額であり、「利益」は銀行に振り込まれる手取り額と考えればよいでしょう。

「費用」は、収益を稼ぐのに必要となる支払いなどのことです。企業活動では、家賃や人件費などの費用がかかってきますが、費用なくして収益をあげることはできないので、損益計算書では不可欠な要素です。

損益計算書上、収益から費用を引いた結果がプラスになれば利益になりますが、**マイナスになれば損失となる**ことも覚えておきましょう。

 借入金は、借りればお金は入ってくるが、あくまでも借りたお金なので収益にはならない。借入金を返した場合、お金は出て行くが費用にはならないので、注意する必要がある。

損益計算書の表

損益計算書
自○○年4月1日　至○○年3月31日　　　（単位：千円）

売上高		1,000,000
売上原価		
期首商品棚卸高	200,000	
当期商品仕入高	500,000	
合　　計	700,000	
期末商品棚卸高	100,000	600,000
売上総利益		400,000
販売費及び一般管理費		
給料	40,000	
支払家賃	30,000	
減価償却費	20,000	
貸倒引当金繰入	10,000	100,000
営業利益		300,000
営業外収益		
受取利息	9,000	
有価証券利息	7,000	
有価証券売却益	6,000	
受取配当金	8,000	30,000
営業外費用		
支払利息	1,000	
社債利息	3,000	
有価証券評価損	2,000	
雑損	4,000	10,000
経常利益		320,000
特別利益		
固定資産売却益		50,000
特別損失		
火災損失		20,000
税引前当期純利益		350,000
法人税等		140,000
当期純利益		210,000

　　　…収益
　　　…費用
　　　…利益

それぞれ上記の色が収益、費用、利益をあらわしている。つまり、損益計算書は、3つの収益と4つの費用、そして5つの利益で大きくは構成されているということである。太字になっている収益と費用の下の項目は、各収益、費用の内訳を示している。

収益、費用、利益の関係

稼いだ金額（収益）からかかった金額（費用）を引くと利益が出る。

収益　－　費用　＝　利益

　損益計算書には、ひとつの会社の単独のものと、子会社などをもつ会社が企業集団全体で作成する連結損益計算書がある。どちらの損益計算書であっても、大きな構成としての違いはない。

損益計算書には「5つの利益」がある

損益計算書の表では、上から順に収益である「売上高」から費用を引いていき、最終的な利益（損失）を求めるしくみになっています。これは収益から費用を引いて利益（損失）を求めるという考え方（➡P22）にもとづいています。

しかし、すべての収益の合計から、すべての費用の合計を引いて、最終的な利益や損失を計算する…という流れではありません。まず、最初の収益である「売上高」から最初の費用となる「売上原価」（➡P36）を引いて最初の利益である売上総利益を求め、そこから次の費用を引いて2つ目の利益を求める…と、全部で「5つの利益」を計算していきます。

5つの利益が存在するというのが、損益計算書の大事なポイントです。 それぞれの利益に、別々の意味をもたせることができるためです。もしも上司から評価を下される際に、「あなたの総合評価はD評価です」とだけ告げられたらどうでしょう。これでは何がダメなのかがまったくわからず、途方に暮れてしまいますよね。その点、「問題解決力はA評価で、折衝力はC評価、提案力はD評価で企画力はE評価…」などと伝えてもらった方が納得できるし、今後の改善にも役立てることができます。

損益計算書も同じです。**最終的な利益だけでなく、その計算過程や内訳を示すことによって、より有益な情報となるのです。**

5つの利益の特徴 損益計算書でポイントとなるのが5つの利益であり、これらの違いを把握することが大事である。

売上総利益	商品やサービスの力によって、稼いだ利益。
営業利益	会社の本業によって稼いだ、実質的な利益。
経常利益	営業活動以外の収益と費用を加味した、経営活動の成果。
税引前当期純利益	税金を引く前の利益。
当期純利益	最終的な利益。

用語解説 *売上総利益＝損益計算書の売上高から売上原価を差し引いた利益であり、粗利益（あらりえき）ともいわれている。人件費などの費用を引いていない大まかな利益ということになる。

「5つの利益」の計算のしくみ

　大きな流れとしては、下図のような過程を経て、損益計算書では5つの利益を計算していきます。5つの利益を算出することで、さまざまな観点や側面から会社の成績を判断することが可能になります。銀行などある一定の利害関係者にだけでなく、会社を取り巻くたくさんの利害関係者、たとえば投資家とか税務署などにも役立つ情報になるのです。

損益計算書の5つの利益のしくみ

収益、利益から費用、税金を引いて、それぞれの利益を求めていく。会社によって表の詳細な項目に違いはあるものの、右の要素が基本的なものとなる。なお、売上総利益、営業利益、税引前当期純利益、当期純利益は、数字がマイナスであれば、それぞれ「利益」から「損失」へと名称が変わる。

売上高 − 売上原価
＝
売上総利益（マイナスならば売上総損失）

↓

売上総利益 − 販売費及び一般管理費
＝
営業利益（マイナスならば営業損失）

↓

営業利益 ＋ 営業外収益 − 営業外費用
＝
経常利益（マイナスならば経常損失）

↓

経常利益 ＋ 特別利益 − 特別損失
＝
税引前当期純利益（マイナスならば税引前当期純損失）

↓

税引前当期純利益 − 法人税等
＝
当期純利益（マイナスならば当期純損失）

会社でつくられるすべての損益計算書は、複式簿記の原則によって作成されることが義務付けられている。つまり、自社で決めたルールで好き勝手につくってはいけないということだ。

1-2 「5つの利益」のしくみと役割

くわしく知ろう！
損益計算書の「5つの利益」

商品の魅力度をあらわす「売上総利益」

　損益計算書に登場する利益を上から順にあげていくと、「売上総利益」「営業利益」「経常利益」「税引前当期純利益」「当期純利益」の5つがあります。つまり、売上総利益は、一番上に位置する利益であり、**売上高から売上原価を差し引くことによって計算することができます。**

　売上高（➡P34）は会社が稼いだ収益であり、売上原価（➡P36）は商品や材料などの仕入分をあらわす費用です。ケーキ屋さんなら売り上げた金額から、小麦粉や砂糖といった材料の仕入分を除いた金額などが、「売上総利益」ということになります。式で示すと次のようになります。

●売上総利益＝売上高−売上原価

　この式からわかることは、**会社が売上総利益を増やしたいと思ったら、売上高を増加させるか、売上原価を減らせばよいということになります。**

　自社で販売する商品やサービスの価格を上げれば、売上高を増やすことはできます。ただし、同じような商品を他社が安い価格で販売していれば話は別です。消費者は他社の安い商品を買い求めるため、結果として売上高を増加させることはできなくなります。

　したがって、損益計算書の売上総利益を見て、**売上高に対して売上総利益の割合が高い会社ということは、その会社にしかつくることのできない、魅力的な商品（付加価値の高い商品）を販売している**ということになります。

  *付加価値の高い商品＝高い価値を付け加えた、他社にはないような商品のことをいう。高付加価値商品は消費者にとって、値段が高くても買い求めたい商品ということになる。

決算書の
ココを見る！

損益計算書

自○○年4月1日 至○○年3月31日 （単位：千円）

売上高		1,000,000
売上原価		
期首商品棚卸高	200,000	
当期商品仕入高	500,000	
合　計	700,000	
期末商品棚卸高	100,000	600,000
売上総利益		**400,000**
販売費及び一般管理費		
給料		
支払家賃		
減価償却費		
貸倒引当金繰入		100,000
営業利益		300,000
営業外収益		
受取利息	9,000	

「売上高」から「売上原価」を引くことで求めることができる

「売上総利益」は、一番最初に求められる利益になる。

売上総利益を増やす方法

会社の成長度合いや、扱っている商品の将来性、社員の数や現金残高など、さまざまな状況から、経営者が利益を増やす方法を決定する。

安く商品を仕入れる
（安い材料費でつくる）

高い価格で売る
（付加価値が高い）

大量に売る

売上総利益と市場競争の関係

売上総利益は、新しい商品で市場競争がないケースでは高いが、競争が激化するにともない価格を下げなくてはならないため、次第に低下する。

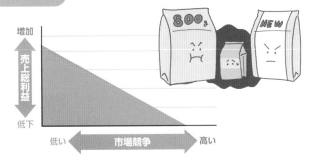

売上総利益（増加／低下）　市場競争（低い／高い）

プラス情報　売上総利益は日常的には、粗利益、粗利（あらり）などと呼ばれることが多い。なお、同じく5つの利益のひとつである経常利益は、「ケイツネ」などと呼ばれている。

決算書の
ココを見る！

給料		40,000	
支払家賃		30,000	
減価償却費		20,000	
貸倒引当金繰入		10,000	100,000
営業利益			300,000
営業外収益			
受取利息		9,000	
有価証券利息			
有価証券売却益			
受取配当金			
営業外費用			
			000
		3,000	
有価証券評価損		2,000	
雑損		4,000	10,000
経常利益			320,000
特別利益			
固定資産売却益			50,000
特別損失			

「売上総利益」から「販売費及び一般管理費」を引いて求める

「営業利益」に「営業外収益」を加えて「営業外費用」を引いて求める

それぞれの利益を求めるには、すぐ上の利益を見る。

本業がうまくいっているかがわかる「営業利益」

営業利益は、売上総利益から*販売費及び一般管理費を引くことによって計算することができます。式で示すと次のようになります。

●営業利益＝売上総利益−販売費及び一般管理費

販売費及び一般管理費は、家賃の支払いや給料など、商売を営むためにはどうしても生じるものです。そのため、**売上総利益から販売費及び一般管理費を差し引いて得られた「営業利益」は、本業での儲けをあらわす利益となります。**私たちの生活でも、最低限生きてるだけなら、食費だけでいいのかもしれません。ですが、ふつうに生活するなら、住居費や光熱費、衣服代などの支出も給料でまかなう必要があります。

同じように、会社も売り上げた金額で、**家賃や給料の支払いなども行えてこそ、商売がうまくいっていることになります。**つまり営業利益は、会社の商売がうまくいっているかどうかを示す利益といえるのです。

用語解説 *販売費及び一般管理費＝具体的には、給料、家賃、法定福利費、旅費交通費、通信費、減価償却費、租税公課などのこと。売上原価と並んで費用の大半を占めるもの。

売上総利益と営業利益での経営判断

売上総利益が多く、営業利益も大きいのが理想だが、売上総利益が少なくても経費削減で営業利益を多くできる。

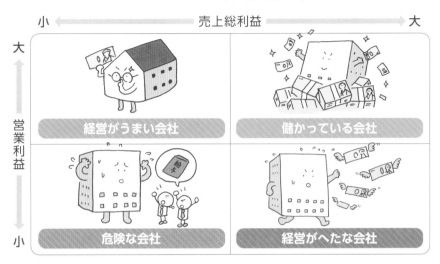

資金運用や資金調達も含めた「経常利益」

「経常利益」は、営業利益に営業外収益を足し、さらに営業外費用を引くことによって計算することができます。式で示すと、次のようになります。

●経常利益＝営業利益＋営業外収益－営業外費用

　会社は、資金に余裕があればそれを運用して収益を生み出そうとしますし、逆に資金が不足しているなら、銀行から借入れを行って資金繰りに用います。会社は、資金管理も上手に行えてこそ、会社経営全体がうまく運営できているといえるのです。

「経常利益」は、このような資金管理も含めて、会社全体がうまくやれているかを示しているわけです。会社の利益はいくらか？　という話しをするとき、一般的に経常利益のことを指すほど、5つの利益のなかでも大事な利益になります。

プラス情報　経常利益を上げて、さらに儲かる会社になるためには、限界利益（売上から売上にともなって発生する費用を引いたもの）を上げる、もしくは人件費などの固定費を下げることが必要となる。

税金を引いた利益が「当期純利益」である。

法人税の計算のもとになる「税引前当期純利益」

「税引前当期純利益」は、経常利益に特別利益（➡P46）を足し、特別損失（➡P46）を引くことによって計算することができます。特別利益や特別損失は毎年生じるものではなく、臨時に生じた収益や費用のことです。式で示すと次のようになります。

> ●税引前当期純利益＝経常利益＋特別利益－特別損失

　税引前当期純利益は、会社に課税される税金である法人税等（➡P48）を計算するもとになる利益になります。

「当期純利益」は最後の利益

「当期純利益」は、税引前当期純利益から法人税等を引くことによって計算することができます。式で示すと次のようになります。

プラス情報　法人税の税率は、法人の資本金の規模により異なる。一般的に収益力の弱い中小企業を優遇するために、中小企業よりも大企業の方が課せられる税率は高くなる。

●当期純利益＝税引前当期純利益－法人税等

税引前当期純利益をもとに計算した法人税等を、税引前当期純利益から引くことによって当期純利益を計算します。「**当期純利益**」こそが会社の**最終利益**になります。

営業利益と経常利益での経営判断

借入金が多いと、経常利益も減少する。営業利益が少なくても、資本を活用すれば経常利益を増やすことができる。

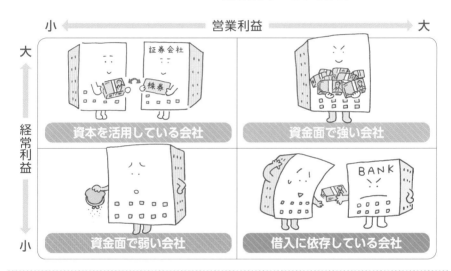

5つの利益の計算例

店舗の火災による特別損失を多く計上したことで、当期純利益を大きく減少させた以下の例で、5つの利益を見てみよう。

 株主や投資家は、投資先の経営状態を判断する指標として、当期純利益を重要視する傾向がある。これは、最終利益である当期純利益の多さで、株主への配当金が決定するため。

「利益」と「現金」は違うもの。 利益について正しく知ろう！

「利益」と「現金」はイコールではない

損益計算書を読む上で、「利益」と「現金」の関係についてはっきりとさせておきましょう。発生した利益の分だけ現金も存在していると思っている人が多いのですが、実際は決してそういうわけではありません。会社の場合、**利益と同額の現金が必ずしも同じタイミングで入ってくるとは限らないため**です。

ビジネスの世界では、商品を販売したときに現金を受け取るということは通常はしません。1か月分の代金を月末に集計して、それを得意先に請求し、1か月後の翌月末に受け取る…などというのが一般的です。ですので、**代金を計上することによって発生する「利益」と、入ってくる「現金」には、時間的なズレが生じることになります**。

すなわち、損益計算書の利益の数字だけを見て、それだけ現金があると考えてはいけないのです。

利益はどこへ行く？

損益計算書の当期純利益の金額は、次の期間に繰り越されます。ただし、利益は1年ごとに計算されるものなので、損益計算書の当期純利益に加算されていくわけではありません。

次の期間では、利益は貸借対照表の純資産に加えられることになります。具体的には繰越利益剰余金という項目で、この項目は会社の獲得した利益の貯金箱のような存在になります。

 用語解説 ＊**純資産**＝資産の総額から、借入金などの負債の額を差し引いた金額のことをいう。貸借対照表を構成するもののひとつで、会社のもつ価値としては重要な意味をもつ。

決算書の
ココを見る！

		P/L
営業外収益		
受取利息	9,000	
有価証券利息	7,000	
有価証券売却益	6,000	
受取配当金	8,000	30,000
営業外費用		
支払利息	1,000	
社債利息	3,000	
有価証券評価損	2,000	
雑損	4,000	10,000
経常利益		320,000
特別利益		
固定資産売却益		50,000
特別損失		
火災損失		20,000
税引前当期純利益		350,000
法人税等		140,000
当期純利益		210,000

「当期純利益」と
同額の現金が会
社にあるとは限
らない！

最終的な利益は「当期純利
益」の項目を見る。

代金の計上と現金の回収

損益計算書上に販売代金を計上するタイミングと、現金の回収には次のような差が生じる。そのため、「当期」では、利益が出ていても現金がない…ということになる。

当期 （1年）	決算日	翌期 （1年）
販売	時間的なズレ	現金回収

損益計算書の売上高に
販売代金を計上 ➡ 利益の増加

次の期の貸借対照表の
現金・預金に計上 ➡ 現金の増加

純資産に繰り越される利益

最終的な利益である「当期純利益」は、貸借対照表の純資産の部の繰越利益剰余金にもっていく。この金額をもとに、株主に配当金が支払われる。

当期純利益
（損益計算書）

繰越利益剰余金（貸借対照表）　　株主

プラス情報　利益と現金の間にどれくらいのズレがあるのか、現金がどれだけ入ってきたかを知るためには、決算書のひとつである「キャッシュフロー計算書」を見る必要がある。

本業での好不調がわかる！「売上高」のしくみ

会社の成長＝売上高アップ！

「売上高」は会計を勉強したことがない人でも、なじみある用語のひとつでしょう。商品やサービスを売ることで稼いだ金額の合計であり、売上高なくして利益をあげることはできません。会社が成長するということは、売上高を伸ばすことでもあるため、とても大事な数字となります。

　ところで、売上高とは会社が稼いだ金額といいましたが、**売上高に該当するのは本業で稼いだ金額のみになります。** なぜなら、会社では本業*以外にも不動産や株などの有価証券の売買で儲けが出たりすることがあるからです。不動産や株の売買を本業としていないのであれば、売上高には含めません。

　ちなみに、あらゆる業種で「売上高」という言葉を用いるわけではありません。同じ意味合いで、**一部のサービス業では「営業収益」を用いたり、金融業では「経常収益」を用いたりしています。**

売上高は「実現主義」で計上

　得意先と仕入先などの企業間では、商品の引き渡しと現金のやりとりに時間的な差があります（➡ P32）。結果として利益と現金が合わなくなるのは、代金をもらう前に売上高を損益計算書に計上するためです。

　このように、**代金がもらえることが確定した時点ではじめて損益計算書に計上することを「実現主義」といい、売上高を含めた収益の計上で採用されるルールとなります。**

34 　**用語解説** ＊本業＝会社が中心となって取り組んでいる事業のことで、会社の目的を定めた書面である定款にも記される。損益計算書上で、本業以外は「営業外」などと表現されている。

決算書の
ココを見る！

P/L 損益計算書
自○○年4月1日　至○○年3月31日　（単位：千円）

売上高		1,000,000
売上原価		
期首商品棚卸高		
当期商品仕入高		
合　計		
期末商品棚卸高		600,000
売上総利益		400,000
販売費及び一般管理費		
給料	40,000	
支払家賃	30,000	
減価償却費	20,000	
貸倒引当金繰入	10,000	100,000
営業利益		300,000
営業外収益		
受取利息	9,000	

「売上高」で会社の
大きさや成長を知る
ことができる

損益計算書の一番上に位置
するのが「売上高」である。

売上高と利益の関係

売上高が高いからといって、利益が多いとは限らない。下図
では、売上高の低いB社の方が、費用が少ない分、利益が出
ている。

A社
売上高1000万円
費用900万円
利益100万円

B社
売上高700万円
費用200万円
利益500万円

売上高の種類

売上高は、総売上高と
純売上高の2つに大き
く分けることができ
る。一般的に損益計算
書上の売上高は、純売
上高のことを指す。

総売上高	売上値引などを控除する前の金額。
純売上高	総売上高から、品質不良や破損で売上から引く売上値引・売上戻り高などを控除したもの。

プラス情報　モノやサービスを売った段階で損益計算書へ計上する実現主義に対して、現金の収入があった段
階で計上する現金主義という原則もある。

「売上原価」の大小は利益に大きく関わっている！

いくらで買ってきたものかをあらわす

「売上原価」は、**販売した商品をいくらで買ってきたものなのかなどをあらわしています。**たとえば、スーパーが1個100円で売ったカップラーメンを、70円で仕入れてきたのであれば、カップラーメンの売上原価は70円ということになります。

損益計算書に「売上原価」を記載する場合、1年間に売り上げた商品すべての原価がまとめて記載されます。一番最初に出てくる収益である売上高のすぐ下に記載するため、商品を売って純粋にいくら儲かったのかを知るのに役立てることができます。ちなみに、その儲けをあらわしているのが、「売上総利益」です。

製品をつくるためにかかったコスト

売上原価は小売業では仕入分を意味しますが、モノをつくる製造業の場合は、**自社の商品をいくらでつくることができたのか**をあらわします。

工場などの製造業で製品を生産するために必要となるコスト（費用）には、材料費と人件費、経費があります。材料費は製品をつくるために必要な材料代であり、人件費は工場で働く従業員の給料を、経費は工場で使った電気代や水道代を指します。

これらのコストを集計して、1年間で生産された製品の原価を求めます。小売業の場合もそうですが、**販売された製品の原価のみを損益計算書に反映する**点がポイントです。これを費用収益対応の原則といいます。

プラス情報　製造業では、売上原価と同じ意味合いで製造原価という用語が使われている。また、建設業では工事原価などと呼ばれるなど、業種によって異なる。

決算書の
ココを見る！

Ｐ／Ｌ　損益計算書

自○○年４月１日　至○○年３月31日　　（単位：千円）

売上高		1,000,000
売上原価		
期首商品棚卸高	200,000	
当期商品仕入高	500,000	
合　　計	700,000	
期末商品棚卸高	100,000	600,000
売上総利益		400,000
販売費及び一般管理費		
給料		
支払家賃		
減価償却費		
貸倒引当金繰入	10,000	100,000
営業利益		300,000
営業外収益		
受取利息	9,000	

「売上高」のすぐ下
に記載されるのが
「売上原価」

「売上原価」は商品の仕入
れや製造にかかった金額。

売上原価の中身　売上原価には、原価のほかにも棚卸減耗費、商品評価損が含まれることもある。

売上原価

原価　製品をつくるのにかかった材料代など。

棚卸減耗費　倉庫で保管中に紛失してしまった商品の損失。

商品評価損　商品を仕入れたときと比べて商品の価値が下がったことによる損失。

費用収益対応の原則　損益計算書に記載する製品の売上原価（費用）は、収益が発生した期間に対応させて計上。下図では、売れた５台分の売上原価のみを記載することになる。

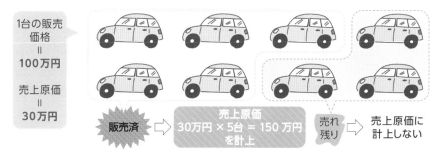

１台の販売
価格
＝
100万円

売上原価
＝
30万円

販売済　⇒　売上原価　30万円×5台＝150万円を計上　　売れ残り　⇒　売上原価に計上しない

プラス情報　製造業では、通常の損益計算書や貸借対照表などの決算書のほかに、１年間で生産された製品の原価の計算過程を示した製造原価明細書（製造原価報告書）も作成される。

「売上原価」を求める項目

損益計算書の「売上原価」のところを見ると、「期首商品棚卸高」「当期商品仕入高」「期末商品棚卸高」という項目が記載されています（これらの記載が省略してある決算書も少なくありません）。これは、**売上原価は、期首商品棚卸高に当期商品仕入高を足して、そこから期末商品棚卸高を引くことによって求めることができる**ということを意味しています。

ちょっとわかりづらいですが、売上原価は売れた分だけの金額であることが関係しています。要するに、会計期間の1年間（**当期**[*]）に、どれだけの商品が売れたかを求める計算といえます。

金額で考えるよりも数量で考えた方がわかりやすいと思うので、家電量販店を例にとって説明します。

「売上原価」の計算方法

ある家電量販店で、会計期間の最初の日にパソコンが200台あったとします。それから、1年間でパソコンを500台仕入れ、1年の最後の日の閉店後に100台残っていたとします。

最初にあった200台に、1年間で仕入れた500台を足して合計700台、そこから最後に残った100台を引けば、600台のパソコンが店からなくなったことになります。

なぜ店からパソコンがなくなったのかというと、もちろんお客さんに販売したためです。ですから、お客さんに売ったパソコンの数は600台ということになります。

金額に置き換えると、1年の一番最初に原価で200万円分の商品があり（期首商品棚卸高）、1年間で500万円分の商品を仕入れ（当期商品仕入高）、1年の一番最後に原価で100万円分の商品が残った（期末商品棚卸高）とすると、原価で600万円分の商品をお客さんに販売したということになります。

この600万円が、「売上原価」になるわけです。

用語解説 *当期＝該当する決算期のことで、一般的に1年間を意味する。当期の前の決算期のことは前期といいあらわし、当期の次の決算期のことは次期、または翌期などといいあらわされる。

売上原価の求め方

売上原価は次の計算によって求めることができる。なお、販売業と製造業では、それぞれの呼び方が変わってくる。

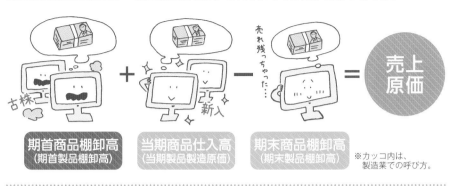

| 期首商品棚卸高
（期首製品棚卸高） | ＋ | 当期商品仕入高
（当期製品製造原価） | － | 期末商品棚卸高
（期末製品棚卸高） | ＝ | 売上原価 |

※カッコ内は、製造業での呼び方。

期末商品棚卸高の求め方

期末商品棚卸高を求めるには、通常は棚卸を行う。棚卸とは、商品の在庫数を調査すること。書類上でも商品の在庫管理は行うが、商品ロスなど、書類上の在庫数と実際の在庫数は合わないことが一般的である。

書類上の在庫数
（帳簿在庫）

－

商品ロス

＝

棚卸でわかった
期末商品棚卸高
（期末製品棚卸高）

期末商品を減らせば売上原価が増大

期末の在庫（期末商品棚卸高）が減少すれば売上原価がその分だけ増加する。

→ 売上原価が減少→売上も減少

→ 売上原価が増大→売上も増大

用語解説 ＊商品ロス＝本来あるべき商品が欠品していること。その理由として、商品の破損や廃棄、万引き、従業員のミスなどがあげられ、期末商品棚卸高を左右する原因になる。

売上を出すための犠牲？
「販売費及び一般管理費」

費用のほとんどは「販売費及び一般管理費」

　営業利益を求めるために売上総利益から引かれる費用が、「販売費及び一般管理費」（略して販管費）です。販売費及び一般管理費は、商品を販売するにあたって必要となった費用や、商品や組織の管理をする上で必要な費用を指します。つまり、**商売上で必要になった費用は、ほとんど販売費及び一般管理費に計上することになるのです。**

「販売費及び一般管理費」に含まれない費用には、資金運用でうまくいかなかったことで生じた損失や、お金を借りる際に生じる利息、臨時に生じた損失があります。一般的にこれらの費用と比べて、販売費及び一般管理費の費用全体に占める比重はとても高くなります。

給料や家賃の支払いが代表例

「販売費及び一般管理費」の代表例は、給料を含む人件費*や家賃です。**一般的に「給料」が販売費及び一般管理費の多くを占めます。**商品を販売して利益をあげるには、従業員に働いてもらう必要があるわけで、自ずと給料が発生します。したがって、給料は商品を販売するために必要な費用として、何よりも先に「販売費及び一般管理費」に計上すべきものとなります。

　また、店舗や事務所などを借りる場合は、家賃を支払わなければなりません。家賃の支払いも商品を販売するために必要な費用になるので、これも代表的な「販売費及び一般管理費」になります。

用語
解説
*人件費＝会社が従業員に支払う給与だけでなく、厚生年金といった社会保険料の企業負担分や福利厚生費、賞与、退職金なども含まれる。

損益計算書
自◯◯年4月1日　至◯◯年3月31日　（単位：千円）

決算書の
ココを見る！

損益計算書
自◯◯年4月1日　至◯◯年3月31日　（単位：千円）

売上高		1,000,000
売上原価		
期首商品棚卸高	200,000	
当期商品仕入高	500,000	
合　　計	700,000	
期末商品棚卸高	100,000	600,000
売上総利益		400,000
販売費及び一般管理費		
給料	40,000	
支払家賃	30,000	
減価償却費	20,000	
貸倒引当金繰入	10,000	100,000
営業利益		300,000
営業外収益		
受取利息	9,000	

「販売費及び一般管理費」には、会社の事業経費の明細が記される

「販売費及び一般管理費」は、人件費の比率が大きい。

「販売費及び一般管理費」の具体例

給料	従業員に支払う人件費。
支払家賃	店舗や事務所の賃貸にともなう家賃。
減価償却費	固定資産の価値の減少分。
貸倒引当金繰入	売上代金が回収できなかったときに備える費用。
水道光熱費	水道代や電気代など。
通信費	電話代や切手代など。
広告宣伝費	TVのCM費用や新聞折込広告など。
接待交際費	取引先を接待したときの飲食代など。
法定福利費	会社負担の社会保険料など。
賞与	従業員に支払うボーナス。
旅費交通費	取引先訪問時や出張時の交通費など。
支払保険料	火災保険料など。

プラス情報　上場企業が公表する損益計算書には、「販売費及び一般管理費」の明細までは記載されていないことも多い。ただし、その場合でも、別途に内訳のわかる明細表を作成している。

建物や車の価値の減少分が「減価償却費」

　人件費や家賃は費用としてイメージしやすいと思いますが、「減価償却費」はどうでしょうか。**減価償却費とは、建物や車などを使用することで生じる価値の減少分のことです。**

　なぜ価値の減少分を「販売費及び一般管理費」に計上するかというと、ある商品の価値の減少は売上を獲得するために犠牲となった結果生じるものだからです。たとえば、会社の営業マンであれば、会社の車に乗って得意先を回ることが多いと思いますが、当然ながら、車を使用すれば車の価値は年々減少していきます。

　その代わり、得意先から注文を取ってくる、つまり売上を獲得してくるわけです。すなわち、車の価値の減少というのは、売上を獲得するために生じているといえます。

　そもそも**費用とは、売上を獲得するために犠牲になった金額のことをいいます。**建物や備品、車などは固定資産と呼ばれますが、これらの価値の減少も会社の売上に貢献しているのであれば通常の費用と同じように扱う必要があるというわけです。

　ただし、同じく固定資産である土地については、使用することで価値が減少することはないため、建物などと異なり減価償却の対象外となります。

減価償却費の考え方（定額法）

年月とともに固定資産の価値を減少させていく。毎年、一定の減価償却費を計上する定額法や、年々、費用計上額が減少していく定率法などがある。

取得価格 20万円

1年目　減価償却費 5万円　資産の価値 15万円
2年目　減価償却費 5万円　資産の価値 10万円
3年目　減価償却費 5万円　資産の価値 5万円
4年目　減価償却費 5万円

耐用年数

プラス情報　定額法による減価償却費の計算は、税法上固定資産の取得価格÷耐用年数で求めることになる。一方、定率法は、まだ償却されていない資産の価値×定率法の償却率で求めることになる。

損失を前倒しで計上する「貸倒引当金繰入」

「販売費及び一般管理費」のなかで減価償却費と並んでわかりづらいのが、「貸倒引当金繰入」です。

　会社間の取引では、商品を販売して代金を後日もらう予定だったものが、得意先が倒産してもらえなくなってしまうことがあります。その場合は、もらえなかった分を損失として損益計算書に計上します。

　ただし、会社というのは後日回収する代金のうち、どの程度回収できなくなるかを、経験上、予想できるものです。**その回収できなくなるかもしれない分を前倒しして計上しておくことで、取引先の倒産リスクを軽減するのです。**これが「貸倒引当金繰入」になります。

変動費と固定費　費用は、売上高や販売量に対して比例的に発生する「変動費」と、売上高や販売量に関係なく一定額発生する「固定費」に分けられる。「販売費及び一般管理費」は、おもに「固定費」となる。

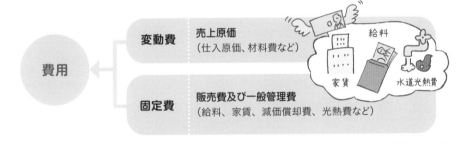

費用

変動費　売上原価
（仕入原価、材料費など）

固定費　販売費及び一般管理費
（給料、家賃、減価償却費、光熱費など）

「費用」において現金支出がある場合とない場合

現金支出をともなう費用

通常は、家賃や給料、水道光熱費などのように、費用が計上されるとその分お金が出ていく。

現金支出をともなわない費用

減価償却費などは費用として計上するが、現金支出がないため実質的に現金を残す効果をもつ。

プラス情報　減価償却費などのように、費用を計上したときに現金の支出をともなわない場合、現金の増減をあらわすキャッシュフロー計算書上は計上しないため、金額に損益計算書との違いが生じる。

本業以外の儲け、損が見える！
「営業外収益」と「営業外費用」

お金に余裕があれば運用して収益を稼ぐ！

「営業外収益」と「営業外費用」は、**本業以外での収益と費用のことです。**具体的には、資金を運用した結果生じた儲けや損、あるいは、銀行からお金を借りる際のコストなどを計上することになります。

会社はお金に余裕がある場合、手もとに残しておいても収益を生まないので、定期預金に預けたり、株式投資をしたり…といった資金運用を行います。定期預金にすれば利息をもらえ、株式投資をして株価が上昇すれば儲けることができ、ともに結果として収益を生み出します。

このような**資金運用の結果で生じた収益を、「営業外収益」に計上する**のです。

資金運用での損失や資金調達に絡むコスト

株式投資は、必ずしも儲けが出るとは限りません。場合によっては損失を出してしまうこともあります。たとえば、**株の価値が下がってしまった場合や、購入時よりも安い金額で売却せざるを得なかった場合です。このような損失は、「営業外費用」に計上します。**

「営業外費用」には、資金調達にともなうコストも計上します。銀行からお金を借りれば、元本の返済が終わるまで利息を支払わなければなりません。大きな会社だと*社債というものを発行して、広く世の中からお金を借りることがありますが、社債でもやはり利息を支払います。これらも、「営業外費用」に計上することになります。

  用語解説 *社債＝会社が発行する債券のことをいう。証券会社を通して会社が有価証券を発行し、投資家から直接資金を集めるのが目的で、株式の発行などと同様、直接金融のひとつ。

決算書のココを見る！

それぞれの詳細な項目も記されている

損益計算書
（自○○年4月1日 至○○年3月31日）　（単位：千円）

売上高		1,000,000
売上原価		
期首商品棚卸高	200,000	
当期商品仕入高	500,000	
合計	700,000	
期末商品棚卸高	100,000	600,000
売上総利益		400,000
販売費及び一般管理費		
給料	40,000	
支払家賃	30,000	
減価償却費	20,000	
貸倒引当金繰入	10,000	100,000
営業利益		300,000
営業外収益		
受取利息	9,000	
受取配当金	7,000	
有価証券売却益	6,000	
受取配当金	8,000	30,000
営業外費用		
支払利息	1,000	
社債利息	3,000	
有価証券評価損	2,000	
雑損	4,000	10,000
経常利益		320,000
特別利益		
固定資産売却益		50,000
特別損失		
火災損失		20,000
取引関係調整利益		350,000
法人税等		140,000
当期純利益		210,000

P L

支払家賃		
減価償却費		
貸倒引当金繰入	10,000	100,000
営業利益		**300,000**
営業外収益		
受取利息	9,000	
有価証券利息	7,000	
有価証券売却益	6,000	
受取配当金	8,000	30,000
営業外費用		
支払利息	1,000	
社債利息	3,000	
有価証券評価損	2,000	
雑損	4,000	10,000
経常利益		**320,000**
特別利益		
固定資産売却益		50,000

「経常利益」の上にあり、儲けや損をあらわす。

営業外収益と営業外費用の具体例

「営業外収益」と「営業外費用」には次のような科目がある。

営業外収益	受取利息	預金で利息をもらった場合。
	有価証券利息	社債や国債などの債券から生まれる利息。
	受取配当金	株式を所有することによって得られる配当金。
	有価証券売却益	値上がりした株を売却することで儲けた場合。
	有価証券評価益	所有する株式が値上がりした分。
営業外費用	支払利息	借入金の利息。
	社債利息	社債の発行にともなう利息。
	有価証券売却損	値下がりした株を売却することによって損が出た場合。
	有価証券評価損	所有する株式が値下がりした分。

営業外費用と借金の関係

営業外費用のおもな内容である「支払利息」は「借入金」に対して発生するため、借入金の多い会社は多くなる。つまり、営業外費用の大きさで、借金の負担を知ることができる。

「借金」の多さと「営業外費用」は比例する

プラス情報 「費用は収益をあげるためのもの」だが、営業外収益と営業外費用については、「営業外費用という費用が生じるから営業外収益があげられる」という関係にはならないので、区別しておく。

「特別利益」「特別損失」は 非日常的な「収益」と「費用」

土地や建物の売却益を計上

　損益計算書の最後にのせる収益と費用が、「特別利益」と「特別損失」です。特別利益や特別損失には、**毎年発生するような収益や費用ではなく、数年に1度程度しか生じない臨時の収益や費用だけを計上します。**「営業外収益」「営業外費用」と同様、本業とは関係なく発生するものであり、「利益」や「損失」という名称になっていますが、実質的な内容は収益と費用になります。

　「特別利益」に計上されるのは、固定資産である土地や建物の売却益がほとんどといってよいでしょう。1,000万円で購入した土地を、のちに1,200万円で売却したようなケースです。この場合、売却価額と購入価額の差である200万円が、土地を売却して儲かった金額になります。特別利益は、このような臨時で生じた儲けのことを指します。

火災などの災害による損失なども計上

「特別損失」には、固定資産の売却損が計上されます。さらに火災などの自然災害によって生じた火災損失も、特別損失に計上されます。

　帳簿に記載されている価値が500万円の倉庫が火災で全焼してしまったとします。この倉庫に**火災保険**をかけていなければ、500万円全額が火災によって損をしたことになります。

　火事に限らず地震などの自然災害による損失も臨時で生じるものなので、「特別損失」として損益計算書に計上されることになるのです。

  用語解説 *火災保険＝火災損失を補填する保険。火災保険に加入していた場合、保険金を上回る損失のみが損益計算書に特別損失として計上される。

決算書の
ココを見る！

営業外収益		
受取利息	9,000	
有価証券利息	7,000	
有価証券売却益	6,000	
受取配当金	8,000	30,000
営業外費用		
支払利息		
社債利息		
有価証券評価損		
雑損		10,000
経常利益		320,000
特別利益　　〉収益		
固定資産売却益		50,000
特別損失　　〉費用		
火災損失		20,000
税引前当期純利益		350,000
法人税等		140,000
当期純利益		210,000

臨時で発生する「費用」と「収益」のこと

利益から引かれる最終的な収益と費用がこの２つ。

特別損益の具体例

「特別利益」と「特別損失」（総称して特別損益）のおもな内容には、次のものがある。

特別利益	固定資産売却益	土地や建物を売却したときに発生した儲けのこと（売却益）。
	子会社株式売却益	ほかの会社を支配する目的で購入していた株（子会社株式）を売却して生じた儲け。
特別損失	固定資産売却損	土地や建物などを売却したときに発生した損のこと（売却損）。
	災害損失	火災や震災などによって生じた損害。
	子会社株式売却損	ほかの会社を支配する目的で購入していた株（子会社株式）を売却して生じた損。

特別損益で利益調整するケースが多い

経営者は決算書の数字の見栄えをよくするため、土地などを売却して特別利益を出し、赤字だった経常利益を当期純利益で黒字にするという荒ワザを使うことがある。

赤字

土地を売却

黒字

プラス情報　建物や土地などの固定資産は、商品の取引などのように短期間で売買する資産ではないため、臨時の取引とみなされる。そのため、特別損益として計上されることになる。

法人税 "以外" に注意！
3つの税金「法人税等」

「等」には住民税と事業税が含まれる

　サラリーマンの所得に対して税金がかかるように、会社にも稼ぎ出した利益に対して税金が課せられます。それが損益計算書上の「法人税等」で、**1年間の利益に対して会社が支払う金額**ということになります。

　注意したいのは、「法人税」ではなく「法人税等」と記載されている点です。**法人税等という区分は、法人税以外にほかの税金も合わせて計上するためであり、それが「住民税」と「事業税」になります。**

　法人税、住民税、事業税は、いずれも会社の利益に対して課せられる税金である点で共通しています。

当期に負担する税金と支払う税金が違う？

「法人税」は、「税引前当期純利益」に、法人税率をかけて計算します。けれども、実際は税引前当期純利益がそのまま課税対象（課税所得[*]）になるわけではありません。税金を計算する上で調整する項目を加減算してから、課税所得を計算する必要があります。**結果的に税引前当期純利益と課税所得には差が出てしまうことがあります。**そうなると、損益計算書上の税引前当期純利益と法人税等にズレが生じることになります。

　この差を解消するのが税効果会計（→ P136）です。くわしい内容はここでは省きますが、税効果会計を導入することで、税引前当期純利益と法人税等をきっちりと対応させることが可能になることだけは覚えておいてください。

 用語解説 [*]課税所得＝税金が課せられる金額で、法人税法上の課税所得の基礎となるのが益金と損金だ。益金と収益、費用と損金はほぼ同じだが、その範囲は完全には一致しない。

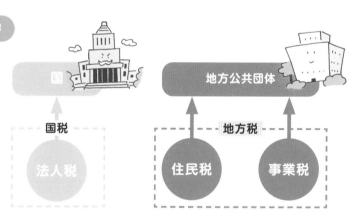

決算書の
ココを見る！

		P／L
営業外収益		
受取利息	9,000	
有価証券利息	7,000	
有価証券売却益	6,000	
受取配当金	8,000	30,000
営業外費用		
支払利息	1,000	
社債利息	3,000	
有価証券評価損	2,000	
雑損	4,000	10,000
経常利益		320,000
特別利益		
固定資産売却益		50,000
特別損失		
火災損失		20,000
税引前当期純利益		350,000
法人税等		140,000
当期純利益		210,000

「法人税等」には
住民税、事業税も
含まれている

税引前当期純利益から引かれるものが「法人税等」。

法人税等の内容

法人税と住民税・事業税の大きな違いは、法人税は国に納める国税であるのに対して、住民税・事業税は地方に納める地方税であるという点である。

国　国税　**法人税**

地方公共団体　地方税　**住民税**　**事業税**

会社が負担するそのほかの税金

会社の負担する税金には、法人税、住民税、事業税のほかに固定資産税や印紙税などもある。固定資産税や印紙税は、「租税公課」という名称で「販売費及び一般管理費」の区分に、記載されている。

事業税　法人税　住民税　固定資産税　印紙税

納税は経営を行う上で資金繰りに大きな影響を与えるため、それぞれの税金がいつ発生するかも大事なポイントとなる。

プラス
情報

法人税、住民税、事業税を合わせた税率を法定実効税率といい、大企業では30％を超える。法人税の税率は、大企業でおよそ24％、中小企業で15％と、規模に応じて負担が異なる。

どっちがどっち？ 比べてわかる！

損益計算書①

Q 会社の規模が大きいのは吉野家？
それとも松屋？

（単位：百万円）

	吉野家	松屋
売上高	170,348	94,410
売上原価	63,286	31,743
売上総利益	107,061	62,667
販売費及び一般管理費	112,397	64,350
営業利益又は営業損失	△ 5,335	△ 1,683
営業外収益		
受取利息	84	18
受取配当金	1	1
その他	5,160	2,053
営業外収益合計	5,245	2,072
営業外費用		
支払利息	525	86
賃貸費用	195	195
その他	1,154	74
営業外費用合計	1,874	355
経常利益又は経常損失	△ 1,964	33
特別利益	37	146
特別損失	5,793	3,111
税金等調整前当期純利益（損失）	△ 7,721	△ 2,931
法人税等	△ 133	△ 555
当期純利益又は当期純損失	△ 7,588	△ 2,376
非支配株主に帰属する当期純利益（損失）	△ 85	-
親会社株主に帰属する当期純利益（損失）	△ 7,503	△ 2,376

吉野家は2021年2月末、松屋は2021年3月末までの1年間の決算

※松屋の数字は百万円以下を切り捨て

ヒント　目安となるのは、たくさんの商品が
売れていること！

売上の大きさが会社の規模の目安の一つ！

　牛丼チェーンでおなじみの両社の同時期の経営成績です。この損益計算書は、吉野家や松屋の単体のもの、つまり牛丼店だけのものではなく、後述する連結、つまりグループ企業も含めたものです。吉野家の場合は、牛丼チェーンのほかに、はなまるうどんや京樽などがグループ企業であり、松屋の場合は、とんかつ屋さんの松のやなども含んだものとなっています。

　今回の問題は、「会社の規模が大きいのはどちらか？」というものでした。会社の規模のとらえ方は、店舗数や従業員数なども考えられますが、**損益計算書から見た会社の規模といったら、売上高**となります。

i 見るべきポイント！

（単位：百万円）

	吉野家	松屋
売上高	170,348	94,410
売上原価	63,286	31,743
売上純利益	107,061	62,667
販売費及び一般管理費	112,397	64,350

店舗数も多いから、顧客も多いよね

売上高が大きいほど、動くお金の量も多く、手広く商売を営んでいると言える。

　そこで吉野家と松屋の売上高を比較して見ましょう。吉野家が170,348百万円であるのに対して、松屋は94,410百万円となっています。ですから、**吉野家の売上高のほうが松屋の売上高より約75,000百万円多く**、約1.8倍多いことがわかります。よって、この2社の損益計算書を比べる限りは、吉野家のほうに軍配が上がるということになります。

　ちなみに、今回ここに損益計算書を掲載しませんでしたが、すき屋を展開しているのはゼンショーという会社です。ぜひ、ゼンショーの損益計算書も比較してみてください。

答 吉野家

どっちがどっち？ 比べてわかる！

損益計算書②

Q 稼ぐ力があるのは任天堂？
それともバンダイナムコ？

（単位：百万円）

	任天堂	バンダイナムコ
売上高	1,758,910	740,903
売上原価	788,437	458,897
売上総利益	970,472	282,006
販売費及び一般管理費	329,838	197,352
営業利益	640,634	84,654
営業外収益		
受取利息	5,723	311
受取配当金	-	1,234
その他	33,990	1,925
営業外収益合計	39,713	3,470
営業外費用		
支払利息	177	229
為替差損	-	-
その他	1,174	283
営業外費用合計	1,351	512
経常利益	678,996	87,612
特別利益	2,556	2,225
特別損失	247	17,897
税金等調整前当期純利益	681,305	71,940
法人税等	200,884	23,074
当期純利益	480,420	48,865
非支配株主に帰属する当期純利益（損失）	44	△ 28
親会社株主に帰属する当期純利益	480,376	48,894

ともに2021年3月末までの1年間の連結ベースの決算

ヒント 「5つの利益」で、本業で稼ぐ力を端的にあらわす利益とは？

会社にとっての儲けの目安は利益！

　任天堂は日本のゲーム業界の老舗企業であり、ファミコンやマリオなどで一世を風靡した会社です。一方のバンダイナムコは、元々はバンダイとナムコという別々のゲーム会社が合併してできた会社で、オールドファンならパックマンやゼビウス、最近でも有名なゲームとして太鼓の達人などを世に送り出している会社です。

　会計期間は両社とも2021年3月31日を決算日とする1年間の損益計算書です。今回の問題は、「儲かっているのはどちらか？」というものでした。**儲け＝利益ですから、損益計算書の利益を比較するとよいです。**

見るべきポイント！

（単位：百万円）

	任天堂	バンダイナムコ
売上高	1,758,910	740,903
売上原価	788,437	458,897
売上純利益	970,472	282,006
販売費及び一般管理費	329,838	197,352
営業利益	640,634	84,654
営業外収益		

営業利益は不動産の売却益などは含まない利益！

利益にはさまざまな種類があるが、今回は本業の儲けを示す営業利益で比較。

　任天堂の営業利益は640,634百万円であるのに対して、バンダイナムコは84,654百万円となっています。ですから、任天堂のほうがより多くの利益を稼ぎ出しており、儲かっていることがわかります。

　ただ、売上高でも任天堂が倍以上の大きさなので利益も大きくなるのは当然と思うかもしれません。そんな場合は、後述する売上高営業利益率（➡P159）でも比較してみます。すると任天堂は約36％であり、バンダイナムコは約11％となります。つまり、売上高営業利益率からも、任天堂のほうが稼ぐ力、儲ける力が優れていると言えるのです。

答　任天堂

決算書で大事なのは
比較すること！

基準がなければはじまらない！

決算書を読む知識がある程度身に付いて、決算書の数字が読めるように
なったとしても、最初はピンとこないことかと思います。「経常利益が200
万円」「負債が2,000万円」と決算書から読み取ることはできても、「だから
何なの？」で終わってしまいます。

何かの価値や意味を知るには、「基準」が必要です。仕事においても、先月
はライバルの誰それよりも営業成績がよかっただとか、去年よりも給料がい
くら上がっただとか、比較する対象がなくては、良し悪しが判断できないも
のです。

「過去」と「他社」との違いを見よう！

決算書を読むときの基準には、大きくは2つあります。まずは、その会社
の過去の数字を比較する方法です。これを「経年比較」などといい、連続し
た2～3期の決算書を比較してよし悪しを判断します。

会社の業績がよければ、前期に比べて売上も利益も上がっているはずです。
複数の決算期の数字をグラフであらわせば、きれいに右肩上がりの図になる
ことでしょう。実際、大企業を中心とした各社のホームページでは、視覚的
に会社の業績がわかるようにグラフが効果的に用いられており、会社の大き
なトレンドを知る上で大変便利なものです。

もうひとつの方法が、「他社との比較」です。収益構造が業種で異なるため、
原則、同業他社と比べることになります。製造業であれば製造業どうし、小
売業であれば小売業どうし、できればさらに細かな業種に絞り込んで比較す
るのが望ましいです。

「経年比較」と「他社との比較」ができるようになると、より正しい会社の
姿が見えてきて、決算書を読むことが楽しくなってくるでしょう。

貸借対照表(B/S)の
しくみと見方

会社にどれだけ資産があって、
借金がどれだけあるかという財務がわかる決算書。
会社のフトコロ事情が見えてきます。

2-1 貸借対照表の「表の見方」

貸借対照表を読むと企業の"財務"が見えてくる！

 貸借対照表は表の左右が一致する！

　貸借対照表（略称B/S）は、決算日に会社にどれくらいのお金があって、どれくらいの借金があるのかという財務状態を明らかにした表です。通常、会社の作成する貸借対照表は右ページのような表になっています。

　おおまかな表の構成としては、表が左右に分かれており、左側には資産が、右側には負債と純資産が記入されています。**最大のポイントは、左側の合計金額と右側の合計金額が一致している点です。**

 もってきたお金は運用される

　貸借対照表の右側のことを「調達源泉」とも呼びます。むずかしく感じるかもしれませんが、「お金を調達する」の調達であり、「お金をどこからもってきたのか？」ということを意味します。負債に記される借入金ならば「銀行からお金を借りてもってきた」とか、純資産に記される資本金ならば「株主にお金を出してもらった」ことをあらわします。

　それに対して、貸借対照表の左側のことを「運用形態」とも呼びます。もってきたお金を何に使ったのか、ということです。現金のまま持っていることもあれば、商品や建物、土地に変えていることもあるでしょう。

　つまり、**調達してきたお金の分だけ、何らかのことにお金を使うわけ**ですから、どこからお金を調達してきたかをあらわす貸借対照表の右側と、そのお金を何に使っているのかをあらわす左側はイコールになるわけです。

 プラス情報　貸借対照表の左側に位置する「資産の部」を借方といい、表の右側に位置する「負債の部」と「純資産の部」を「貸方」と表現することもある。決算書がつくられる複式簿記では大切な考え方となる。

貸借対照表の表

 貸借対照表

○○年3月31日 （単位：千円）

資 産 の 部		負 債 の 部	
流動資産		**流動負債**	
現金預金	500,000	支払手形	200,000
受取手形	300,000	買掛金	300,000
売掛金	400,000	未払金	40,000
有価証券	50,000	未払費用	10,000
商品	250,000	未払法人税等	50,000
前払金	10,000	流動負債合計	600,000
前払費用	4,000	**固定負債**	
貸倒引当金	△ 14,000	長期借入金	500,000
流動資産合計	1,500,000	社債	900,000
固定資産		固定負債合計	1,400,000
有形固定資産		負債合計	2,000,000
建物	1,000,000	**純 資 産 の 部**	
減価償却累計額	△ 300,000	**株主資本**	
備品	500,000	資本金	1,000,000
減価償却累計額	△ 100,000	資本剰余金	
無形固定資産		資本準備金	200,000
のれん	300,000	その他資本剰余金	30,000
投資その他の資産		利益剰余金	
子会社株式	200,000	利益準備金	100,000
長期貸付金	400,000	その他利益剰余金	
固定資産合計	2,000,000	別途積立金	60,000
		繰越利益剰余金	40,000
		自己株式	△ 30,000
		評価・換算差額等	
		その他有価証券評価差額金	20,000
		新株予約権	80,000
		純資産合計	1,500,000
資産合計	3,500,000	負債および純資産合計	3,500,000

　　…資産
　　…負債
　　…純資産

それぞれ上記の色が資産、負債、純資産をあらわしている。つまり、貸借対照表は、大きくは資産、負債、純資産で構成されているということ。なお、資産、負債、純資産を左右に並べずに、縦に順番に並べる表もある（➡ P86）。

 資産、負債、純資産の関係　　**資産は、負債と純資産を加えることで求められる。**

資産　＝　負債　＋　純資産

負債　純資産

 プラス情報　貸借対照表では加算していくばかりではなく、なかには減算する項目もある。上の表では資産の部の貸倒引当金や減価償却費、純資産の部の自己株式が該当し、金額の前の「△」がマイナスを意味する。

入金や出金の時期が早いものを先に書く

　貸借対照表の左側に記入する「資産の部」の並び順として、まず流動資産があり、そのあとに固定資産が記載されています。つまり、「流動」から「固定」という並びになっており、これは貸借対照表の右側の「負債の部」も同じです。**流動資産とは、現金そのものや１年以内に現金化される資産のことであり、流動負債とは１年以内に支払期限がやってくる借金などのことです。**

　一方、固定資産とは、長期間使用することを目的として購入された建物や備品、あるいは現金化するのに１年超の時間を必要とする資産のことであり、固定負債とは支払期限が１年超の借金などのことです。

　つまり、流動資産・流動負債の方が固定資産・固定負債よりもお金の出入りが早いということになります。このように、**一般的な貸借対照表ではお金の出入りの早いものほど先に書くことになっています。**

資産の最後に繰延資産がくることも

　流動資産と固定資産の下に、*繰延資産という資産を計上することがあります。繰延資産の実態は費用なのですが、毎年の正しい利益の計算を行うという目的にもとづいて、繰延資産を「資産の部」に計上することも認められています。

流動と固定の分類方法	資産、負債を流動と固定に分ける方法には、「正常営業循環基準」と「１年基準」という２つがあり、下の表のように使い分けられている。

正常営業循環基準	通常の商売のサイクルで登場するもの、つまり、商品の購入から販売までのサイクルで出てくる商品、買掛金、支払手形、前払金、売掛金、受取手形、前受金などは、すべて流動項目とする方法。
１年基準 （ワンイヤールール）	決算日の翌日から１年以内にお金の出入りがあるものを流動項目とし、１年を超えてお金の出入りがあるものを固定項目とする方法。

用語解説　*繰延資産＝会社の創立費や開業費など、その支出の利益に及ぼす効果が１年以上続くことになるものを指す。ただし、繰延資産を計上していない会社もある。

負債の部のあとには純資産

　負債の部の下には、「純資産の部」がきます。純資産のなかにも並び順があって、「株主資本」「評価・換算差額等」「新株予約権」となっています。純資産合計の下の最後の行には、「負債および純資産合計」がきます。これは「総資本」とも呼ばれています。

貸借対照表への記載方式

貸借対照表の資産と負債の並び順には、流動項目を先に記載する方式だけでなく、固定項目を先に記載する方法もある。

流動性配列法

一般的な会社の貸借対照表で採用されている方式で、流動項目を先に記載し、そのあとに固定項目を記載する。

固定性配列法

固定項目を先に記載。会社経営上、固定資産が大事となる電力会社やガス会社で例外的に採用されている。

貸借対照表の考え方

貸借対照表の左側の運用形態（資産）と右側の調達源泉（負債と純資産）は、均等に保たれる。天秤のバランスが取れているようなイメージになるため、英語ではバランスシート（Balance sheet:B/S）と呼ばれる。

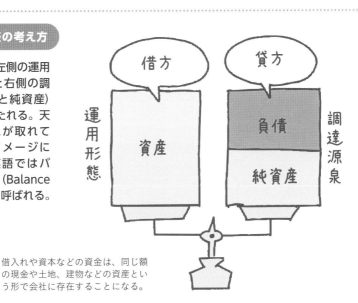

借入れや資本などの資金は、同じ額の現金や土地、建物などの資産という形で会社に存在することになる。

プラス情報　貸借対照表のそれぞれの項目の数字を見る際は、大きな数字を読み取れば十分。頭の2ケタ、3ケタだけを見て、それ以外のケタまで見る必要はあまりない。

2-2 貸借対照表の「資産・負債・純資産」

どんな貸借対照表も
3つの要素で構成される！

「資産」はお金になるもの

　貸借対照表の3つの要素について、ここでしっかりと整理しておきましょう。**資産とは、「現金そのもの」か、「売ればお金になるもの」のことと思えばよいでしょう。**資産の項目である商品や建物、土地などは、すべて売ればお金になるはずです。

　将来的にお金が入ってくるものも資産になります。たとえば受取手形（➡P63）や貸付金なども、約束の日がきたらお金が入ってくるわけなので、資産になります。

　資産は、あとで現金になるものと、費用になるものにも分けることができます。将来、現金になる資産のことを「貨幣性資産」といい、現金や預金、売掛金や受取手形もこれに当てはまります。

　また、将来は費用になる資産のことを「費用性資産」と呼び、棚卸資産や固定資産などが当てはまります。ゆくゆくは、売上原価（➡P36）や減価償却費（➡P42）などの費用になるためです。

資産の計上の方法　　資産の貸借対照表への記載は、次の2つの方法がある。

| 取得原価主義 | 資産を今の価値ではなく、買ってきたときの金額で貸借対照表に記載する方法。 |
| 時価主義 | 資産を買ってきたときの金額ではなくて、今の価値、すなわち時価を貸借対照表に記載する方法。一部の有価証券で採用。 |

プラス情報　決算書のひとつに「株主資本等変動計算書」というものがある。これは、前期末の純資産の部の項目がどのように変化して、当期末の残高になったかを示すものだ。

「負債」は借金のこと

負債とは借金のことです。ニュースで、「○○株式会社が負債総額200億円で倒産しました」などと報じられますが、これは借金を200億円抱えて会社が潰れてしまったということです。買掛金（→P71）や支払手形（→P71）も広い意味では借金です。約束の日がきたらお金を支払わなければならないわけですから、借金と同じといえるのです。

「純資産」の代表は資本金

純資産は資産総額から負債総額を差し引いた差額ということになり、株主資本が該当します。株主資本とは、株主が会社に出したお金と、会社が過去に稼ぎ出した利益のうち、会社に残っている分のことです。株主が会社に出したお金を資本金や資本剰余金（→P78）と呼び、会社が稼ぎ出した利益のうち会社に残っている分を利益剰余金といいます。

　小さな会社などでは、会社の経営者本人が株主であることが多いものです。そのような場合、会社の経営者が会社に出したお金が資本金になります。一方、大企業などでは、経営者に加えて、一般の投資家が会社に投資したお金も資本金になります。どちらにせよ、**会社に出資されたお金は資本金であると考えておけばよいでしょう。**

貸借対照表でわかる会社の状態

資産、負債、純資産のバランスを見ることで、会社の財務状況を知ることができる。

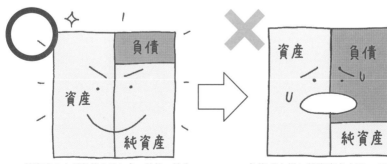

純資産の方が負債よりも多い状態。健全な財務状態であるといえる。

負債が大幅に純資産を上回っている状態。会社の財務状態としては厳しい。

プラス情報 資本金は会社の設立時に必要となる。かつては、株式会社なら1,000万円以上の資本がないと会社をつくることができなかったが、現在は資本金が1円でもつくることができる。

現金化のしやすさがわかる！
「流動資産」のしくみと分類

「流動資産」は3種類に分けられる！

「流動資産」は、現金そのものや、短期間に現金化される資産のことをいいます。固定資産との違いは、どのくらいの期間で現金化できるかという点であり（➡ P58）、国内の基準では1年以内とされています。

　流動資産の内訳は、実際の貸借対照表上ではたくさんの項目がありますが、**現金化のしやすさの順番で、大きくは「当座資産」「棚卸資産」「その他の資産」の3種類に分けることができます。**

現金にもっとも近い資産の「当座資産」

「当座資産」とは、現金と、短い期間で現金になる資産のことで、具体的には現金のほかに「預金」「売掛金」「受取手形」「有価証券」などがあります。これらは**もっとも現金に近い存在であり、当面の支払能力を示すことになります。**

　当面の支払能力は、今から2〜3か月くらいのうちに最大でいくらお金を支払えるかということです。仮に私たちが現金で車を買おうと思ったときに、50万円くらいの軽自動車が精一杯の人もいれば、500万円の高級外車を買うことができる人もいるでしょう。それが個人の当面の支払能力であり、会社に置き換えたのが当座資産ということになります。

　当座資産が豊富にあれば、経営者も会社のお金の調達や運用といった資金繰りの心配をしなくてすみますし、取引先も安心してその会社と取引をすることができるわけです。

プラス情報　貸借対照表の流動資産がいくら多くても、流動負債（➡ P70）がその分、多い場合は支払能力があるとはいえない。流動資産が流動負債を大きく上回っていることが支払能力の目安となる。

決算書の
ココを見る！

貸借対照表

○○年3月31日

（単位：千円）

資　産　の　部		負　債　の　部	
流動資産		**流動負債**	
現金預金	500,000	支払手形	200,000
受取手形 ┐	300,000	買掛金	300,000
売掛金 ├ 当座資産	400,000	未払金	40,000
有価証券 ┘	50,000	未払費用	10,000
商品 ─ 棚卸資産	250,000	未払法人税等	50,000
前払金 ┐	10,000	流動負債合計	600,000
前払費用 ├ その他	4,000	**固定負債**	
貸倒引当金 ┘ の資産	△ 14,000		
流動資産合計	1,500,000		
固定資産			
有形固定資産			
建物	1,000,000	**株主資本**	
減価償却累計額	△ 300,000		

資産の部の最初に出てくる
のが「流動資産」である。

「当座資産」「棚卸資産」「その他の資産」に分類できる

当座資産の種類

「当座資産」には次のようなものがある。貸借対照表の項目上では、現金と預金はひとまとめに計上される。

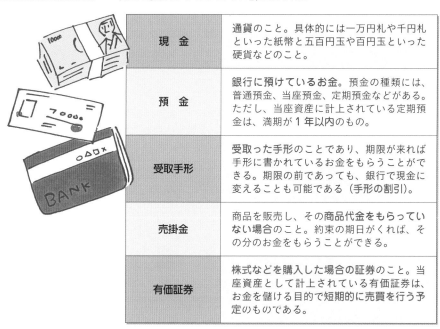

	現　金	通貨のこと。具体的には一万円札や千円札といった紙幣と五百円玉や百円玉といった硬貨などのこと。
	預　金	銀行に預けているお金。預金の種類には、普通預金、当座預金、定期預金などがある。ただし、当座資産に計上されている定期預金は、満期が1年以内のもの。
	受取手形	受取った手形のことであり、期限が来れば手形に書かれているお金をもらうことができる。期限の前であっても、銀行で現金に変えることも可能である（手形の割引）。
	売掛金	商品を販売し、その商品代金をもらっていない場合のこと。約束の期日がくれば、その分のお金をもらうことができる。
	有価証券	株式などを購入した場合の証券のこと。当座資産として計上されている有価証券は、お金を儲ける目的で短期的に売買を行う予定のものである。

プラス情報　現金化しやすい流動資産を当座資産としてまとめる理由は、会社の安全性をはかる経営分析をする際に、当座資産を目安にして判断するためであり、この指標を「当座比率」（➡P 188）という。

商品在庫をあらわす「棚卸資産」

「棚卸資産」とは商品や製品のことです。モノづくりをする製造業であれば、商品や製品のほかにもつくりかけの製品（**仕掛品**）や製品をつくるための原材料が在庫として存在しますが、これらも棚卸資産に含まれます。

棚卸資産は、会社にとって扱いがむずかしい存在かもしれません。なぜなら、**棚卸資産は少なすぎても、多すぎても会社によくない影響をおよぼすためです。**商品や製品が少なすぎれば品切れを起こしやすくなり、販売のチャンスを逃してしまいます。

品切れを防ぐには、在庫をたくさん確保しておけばよいのですが、それだけ出て行くお金も多くなります。もちろん、倉庫での保管費用というものも発生してきます。結果として過剰に商品をもつと、それだけ会社の資金繰りを悪化させてしまうのです。

たくさん商品をもっていると、売れ残りの危険性も高まります。万が一、売れ残って廃棄処分なんてことになってしまえば、利益面でのダメージははかりしれません。

だから、**棚卸資産は資産といっても、現金のように多ければ多いほどよいというわけではありません。適正な水準を維持することが、とても重要になってくるのです。**

流動資産が豊富にあるケース 現金や預金などの当座資産がたくさんあると、会社に出資する投資家は次のような要求をする。

資金の再投資

新しいビジネスにお金を投資して、もっと利益を稼いで欲しいと考える。

配当金の増加

余っているお金を株主に還元するため、配当金を増やして欲しいと請求する。

＊仕掛品＝製造業でつくりかけの製品のことで、材料を加工すれば仕掛品となり、完成すれば製品になる。仕掛品には、材料費に加えてそれまでに要した労務費や経費が計上される。

「その他の資産」には、こんなものがある！

流動資産の「その他の資産」には、短期貸付金、前払金、前払費用、未収金などがあります。

代表的なものが「短期貸付金」です。1年以内に返済してもらうことになっている取引先や仕入先などへの貸付金であり、返済日までは現金化することができません。

その他の資産の種類　　「その他の資産」には、次のようなものがある。

短期貸付金	返済期限が1年以内の貸付金。
前払金	商品を受け取る前に代金を支払うことであり、内金や手付金などが当てはまる。
前払費用	翌期に発生する費用を当期中に支払ったことにより、翌期にサービスを受けられる権利のことで、家賃や保険料の前払分などが当てはまる。
未収金	有価証券や固定資産の売却代金など、本業以外の取引から生じた未回収の金額、および本業から生じた売掛金以外の未回収の金額のこと。
繰延税金資産	翌期に発生する法人税等を、当期に支払ったことにより生じる税金の前払分のことである。

売上債権と貸倒引当金　　当座資産である売掛金と受取手形のことを「売上債権」と呼び、それが「貸倒引当金」の計算のもととなる。

貸倒引当金は、売上債権のリスクによって適切な比率で引当金を積んでおくもの。売上債権が回収ができなくなった際に、損失のリスクを減少させる役割を果たす。

プラス情報 貸借対照表では、まとめて「貸倒引当金」として記載されるが、売掛金と受取手形の下にそれぞれの貸倒引当金が記載されることもある。なお、貸倒引当金は資産から引くことになる。

現金化しにくいけど大事！「固定資産」のしくみと分類

 会社で使用する資産であること

「固定資産」は、会社で長期間使う目的で購入した資産のことであり、自社で販売する商品のように、転売を目的として購入されたものではない資産です。**自社で使うことを目的として購入されたことに加えて、1年を超えて使う場合が固定資産となります。**ほかにも、1年を超えて現金化される資産も固定資産になります。

　固定資産は、大きく分けると「有形固定資産」「無形固定資産」「投資その他の資産」の3つに分類でき、貸借対照表上もその項目順で記載されています。

 形があって長期間使用する「有形固定資産」

「有形固定資産」とは、形があって長期間使用するものです。具体例としては、建物や備品、車両、土地などです。

　貸借対照表に記載されている有形固定資産の金額欄には、買ってきたときの金額がそのままのっているわけではありません。有形固定資産は使用することによって、価値がどんどん減少していくからです。毎年の価値の減少分が、損益計算書に計上される減価償却費（➡P42）です。**有形固定資産の購入価額から減価償却累計額*を控除した結果が、最終的に貸借対照表に有形固定資産の現時点の価値として計上されています。**

　なお、土地については、使用することで価値が減少するわけではないため、買ってきたときの金額がそのまま貸借対照表に計上され続けます。

 用語解説　*減価償却累計額＝減価償却の貸借対照表への記帳方式のひとつである、間接法で用いられている項目（勘定科目）のこと。減価償却費を累積させて表示する。

決算書の
ココを見る!

固定資産			固定負債合計	,000
有形固定資産			負債合計	2,000,000
建物	1,000,000		**純資産の部**	
減価償却累計額	△ 300,000		**株主資本**	
備品	500,000		資本金	1,000,000
減価償却累計額	△ 100,000		資本剰余金	
無形固定資産			資本準備金	200,000
のれん	300,000		その他資本剰余金	30,000
投資その他の資産	200,000		利益剰余金	
子会社株式	200,000		利益	100,000
長期貸付金	400,000			
固定資産合計	2,000,000			30,000
			評価・	
			その他有価証券評価差額金	20,000
			新株予約権	80,000

「固定資産」は表の借方(左側)
の2番目にブロックに記載。

「固定資産」は
大きくは3つ
に分かれる

固定資産の種類

「固定資産」は、次のような3種類に分けられる。

固定資産

有形固定資産

無形固定資産

投資その他の資産

おもな有形固形資産

「固定資産」のなかの有形固定資産は形のある資産であり、
次の4つが代表的なものである。

土地　　　　　建物　　　　　備品　　　　　車両

プラス情報　減価償却累計額を計上することで、有形固定資産をいくらで買ってきたのか、どのくらい価値が減
少しているのか、その結果どのくらいの価値が残っているのかを明示することができる。

一般的にリース（長期間でモノを借りる契約）したモノは借り物だが、有形固定資産の「リース資産」として計上する場合がある。

「費用」として計上

「リース資産」で計上

いつでも契約をやめることができる場合などは費用として処理。

契約内容によっては、資産として計上することがある。

形はないけれども長期間使用するものって？

「無形固定資産」は、文字通り形がない資産で、代表的なものが権利やソフトウェアなどです。 権利の具体例は、特許権や商標権などの知的財産権と呼ばれるものです。ソフトウェアには、会計ソフトや給料計算ソフトなど、パソコンを使用する際のさまざまなソフトウェアがあります。

また、**無形固定資産の種類として、忘れてはならないものがあります。それが「のれん代」です。**「のれんをくぐる」などのように、お店の屋号を記したモノとしての「のれん」をイメージする人が多いでしょうが、「のれんを守る」などというように店の信頼や格式などを意味するものでもあり、**会計上は収益を稼ぎ出す信用力など目に見えない力を指します。**

同じ商品を扱っていても、あるお店は別のお店よりも高い値段で販売していることがあります。その理由は、店員のサービスのよさであったり、人柄であったり、場所がよいことも考えられます。そういった見えない力があらゆる企業に存在しており、それを資産として扱うわけです。

ただし、「のれん代」は自分自身の貸借対照表に計上することはしません。「のれん代」が貸借対照表に出てくるのは、ほかの会社を買収[*]したときなどに限られ、買収した会社の営業権といった意味合いで計上されるのです。

用語解説
*買収＝新規事業や市場への参入、経営不振の会社の救済などを目的として実施される。買収される会社が発行する株式の取得により達成され、企業の合併も含めてM&Aなどとも呼ばれる。

無形固定資産の種類　形のない「無形固定資産」の種類は、以下のような種類がある。

特許権	新規の発明を行った者に与えられる独占権。
商標権	自社商品と他社商品を区別するための文字、図形、色彩などの結合体を独占的に使用できる権利。
意匠権	モノのデザインを独占的に所有できる権利。
著作権	自ら創作した著作物を排他的に支配する権利。
実用新案権	モノの形や構造、組み合わせの考案を独占する権利。
のれん代	見えない企業の収益力。実際の企業の買収価額とその会社の純資産の差額。
ソフトウェア	パソコンなどで使用するソフトウェア。
電話加入権	電話回線を契約・架設する権利。

「投資その他の資産」に計上されるもの

　固定資産の最後には、「投資その他の資産」が記載されます。文字通り、**長期の投資に関係したものと、有形固定資産や無形固定資産にも記載されないような長期の資産が、ここに計上されます。**

　「投資その他の資産」は、「ほかの企業への資本参加[*]を目的とする投資」「長期の資産運用を目的とする投資」「その他の長期の資産」の3つに分けることができます。具体的なものは、投資有価証券、子会社株式、関連会社株式などの有価証券と、長期貸付金、長期前払費用、不渡手形などです。

有価証券の種類　「投資その他の資産」に当てはまる有価証券の種類は、以下の通り。これら以外は、流動資産の有価証券になる。

投資有価証券	取引先などと相互に株式をもち合っている場合や、購入した社債を満期まで保有する目的で購入した場合など。
子会社株式	ほかの会社を支配する目的で、その会社の発行済み株式の50％超を取得した場合など。
関連会社株式	ほかの会社を支配する目的で、発行済み株式の20％以上50％以下を取得した場合など。

用語解説　[*]資本参加＝ほかの会社との関係性を強めるため、その会社が発行する株式を取得するなど、資本を投資することをいう。一般的には、会社の支配権を得る目的ではない。

早めの返済が必要！
「流動負債」のしくみと分類

1年以内に支払いが必要

「流動負債」は、**1年以内に支払期限がやってくる負債のことです。**商品代金の支払いなどは流動負債に含まれることになり、銀行に対する借金も返済期限が1年以内に迫っているものは流動負債として計上します。

　貸借対照表上では、上から順番に支払いの義務の強いものが並べられ、一番上は商品代金の支払いで使われる支払手形になります。

流動負債の代表例は「仕入債務」

「流動負債」の代表例は、買掛金や支払手形といった商品代金の未払い分です。ビジネスの世界では、仕入先の会社から商品を購入してすぐにお金を支払わないことが一般的です（➡ P32）。1か月間で仕入れた金額の合計が翌月になって、仕入先の業者から請求書として送られてくるケースが多く、それにもとづいて代金を支払います。**買掛金や支払手形は、そのような商品代金の未払い分をあらわしているのです。**

　ちなみに、買掛金や支払手形をまとめて「仕入債務」といいます。「無借金経営」という言葉を聞くことがありますが、「無借金経営＝銀行からの借金はない」のことだとしても、仕入債務は通常どの会社も生じるので、「**無借金経営＝負債ゼロ**」というわけではないのです。私たちの生活でも、いくら借金がなくても月末には光熱費やクレジットカードの請求書が必ずきます。このようにサービスや商品を受けていて、まだお金を払っていない部分が「仕入債務」なのです。

プラス情報　銀行からの短期の借入れの場合、通常の証書を作成する方法のほかに、自社の手形を振り出す手形貸付という方法もある。この場合、手続きが速やかで早くてかんたんというメリットがある。

決算書の
ココを見る！

B/S

貸借対照表
〇〇年 3 月 31 日

（単位：千円）

資　産　の　部		負　債　の　部	
流動資産		**流動負債**	
現金預金	500,000	支払手形	200,000
受取手形	300,000	買掛金	300,000
売掛金	400,000	未払金	40,000
有価証券	50,000	未払費用	10,000
商品	250,000	未払法人税等	50,000
		流動負債合計	600,000
		固定負債	
		長期借入金	500,000
固定資産		社債	900,000
有形固定資産		固定負債合計	1,400,000
建物	1,000,000	負債合計	2,000,000
減価償却累計額	△300,000	**純　資　産　の　部**	
		株主資本	

支払義務の強い
内容から順番に
並べられる

表の右側の一番上に記載されるのが「流動負債」。

流動負債の種類　「流動負債」には次のようなものがある。

支払手形	商品などを購入した対価として、仕入先に振り出す手形。約束の期日がきたら、手形の金額を支払わなければならない。
買掛金	商品などを購入した代金の未払部分のこと。約束の期日がきたら、その分のお金を支払わなければならない。支払手形とは、手形が存在するかしないかの違い。
短期借入金	返済期限が 1 年以内の借入金。
未払金	本業である営業取引以外のもの、たとえば備品などを購入して、まだお金を支払っていない代金。
未払費用	当期に発生した費用のうち、まだ支払期日が来ていない分の費用。
未払法人税等	前期の利益に対して負担する法人税等のうち、まだ支払いが終わっていない分。
前受金	商品を販売する前にお金を先にもらった場合のこと。受取ったお金の分だけ商品を引き渡さなければならない義務があるので、負債として計上されている。
預り金	従業員の給料から天引きした、会社が預かっている社会保険料や税金分。後日、各所轄の機関に会社が支払う。
各種の引当金	会社が将来の出資に備えて計上するもののこと。1 年以内に出資があるものが流動資産になる。

プラス情報　支払手形は証書に支払期日を明確に記す必要があるため、流動負債でもっとも支払義務が強くなる。買掛金や短期借入金も期日が決まっているので、支払手形に次いで支払義務は強くなる。

仕入債務以外の流動負債

仕入債務以外で流動負債を代表するものといえば、「短期借入金」です。短期借入金は、**銀行などの金融機関に対する借金のうち、返済期限が1年以内のもののことです。**おもに、売り上げが入金されるまでの「つなぎ資金」などに用いられる融資になります。

それ以外の流動負債には、「未払金」「未払費用」「未払法人税等」「未払消費税」「預り金」「前受金」「前受収益」などがあります。

「引当金」は流動負債に計上

流動負債には、「引当金」と名の付くものも計上されます。たとえば、「賞与引当金」や「製品保証引当金」などです。引当金とは、将来の支出に備えるために、あらかじめ用意しておくためのものです。

「引当金」に計上された金額は、将来、支払いが行われてお金が出ていってしまうので、負債として計上します。ただし、「貸倒引当金」（⇒P65）だけは、お金が出ていく引当金ではないので、負債には計上しません。

引当金の種類 負債に当てはまる引当金には次のようなものがある。1年以内のものであれば流動負債となる。

賞与引当金	翌期以降に従業員への賞与を支給する場合に計上される引当金。
製品保証引当金	販売した製品に欠陥や故障などがあり、修繕が必要となった場合の支出に備えて計上しておく引当金。
修繕引当金	大規模な設備など、修繕費がずっと続くことを見込んでいる企業が、修繕に必要な将来の支出額を見積り、計上する引当金。
売上割戻引当金	当期の売上に対して、来期以降に割戻しが行われることがあるため、当期の売上への割戻しの金額を見積り、計上される引当金。割戻しは、一定以上の売上実績があった相手先に、取り決めておいた代金の減額や返金を行うこと。
返品調整引当金	翌期以降の商品の返品によって発生する、利益の減少額を見込んで計上する引当金。
退職給付引当金	将来、従業員が退職するときに支払われる退職給付のうち、当期に負担すべき金額を引当金として計上。固定負債に属する。

プラス情報 流動負債のなかで、前受金だけは将来お金が出て行くものではない。ほかの流動負債が多いとよくないのに対して、前受金は将来売上に計上されるため、多い方がよいことになる。

利益を左右する「有利子負債」

　決算書を読む際のキーワードとして「有利子負債」があります。決算書の項目として出てくるわけではありませんが、とても大事な要素なのでここでお話ししておきましょう。

「有利子負債」とは、利息の支払いを生じさせる負債のことで、銀行からの借入れが代表例です。買掛金や支払手形などの仕入債務は、そこから利息の支払いが生じるわけではありませんが、短期借入金などのように銀行からお金を借りれば利息の支払いが生じることになります。

　有利子負債が多ければ、その分だけ支払利息が増えるので、損益計算書の営業外費用の金額が大きくなります。営業外費用が多くなれば、当然それだけ利益も減ってしまうので、**有利子負債の多い会社は、利益も生じにくくなってしまいます。**

　同じ負債の項目であっても、利息の支払いが生じる有利子負債か否かで、決算書におよぼす影響が変わってくるので、注目すべきポイントといえます。

有利子負債と利益の関係

有利子負債の増加は利益の減少へつながる。利益を生み出す体質にするためにも、会社は有利子負債を過剰に増やさないようにしなければならない。

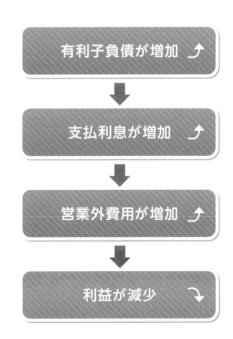

有利子負債が増加 ↗

支払利息が増加 ↗

営業外費用が増加 ↗

利益が減少 ↘

プラス情報　支払手形の金額が期日までに支払えなくなってしまうことを手形の「不渡り」という。不渡りを2回出すと銀行取引が停止され、実質的な倒産となるため、支払手形の支払い義務は強くなる。

貸借対照表の「固定負債」

「固定負債」が多いことは実は悪いことではない!?

ゆっくり返済できる「固定負債」

「固定負債」とは、1年を超えて返済することのできる負債です。個人で考えると、住宅ローンなどが該当するでしょう。通常、住宅ローンは35年くらいかけて、ゆっくりと少しずつ返済するものです。

会社の場合、**1年を超えて返済するものとして、「長期借入金」と「社債」があります。**「長期借入金」は、銀行などからの借入れのうち、返済期限が1年超のものをいいます。会社の場合、住宅ローンのように35年というのはさすがにまれで、一般的には5〜7年程度が多いです。

一方、「社債」は、投資家からお金を借りることです。お金を借りる際に、借金の証明書である社債券という債券*を発行するので、社債といわれます。社債も通常は1年を超えて返済期限がやってくるので、固定負債となります。

固定負債に計上される「引当金」もある

固定負債に計上される「引当金」もあります。それは「退職給付引当金」です。退職給付引当金とは、従業員が退職した際に支払う退職一時金や退職年金に備えて、会社が準備するものです。

退職金は、従業員が働いてくれたことに対して支払われるものなので、長期間少しずつ積立てておいて、従業員が退職した際に、それを取り崩して支払います。つまり、**20年、30年にわたって積立てたものを退職時に支払うため、支払いが1年超の固定負債に計上されるのです。**

用語解説 *債券＝会社だけでなく国、地方公共団体などが、一般の投資家からまとまった資金を集めるために発行するもの。それぞれ、社債、国債、地方債などと呼ばれている。

決算書の
ココを見る！

B/S

貸借対照表

○○年 3 月 31 日　　　　　　　　（単位：千円）

資　　産　　の　　部		負　　債　　の　　部	
流動資産		**流動負債**	
現金預金	500,000	支払手形	200,000
受取手形	300,000	買掛金	300,000
売掛金	400,000	未払金	40,000
有価証券	50,000	未払費用	10,000
商品	250,000	未払法人税等	50,000
前払金	10,000	流動負債合計	600,000
前払費用	4,000	**固定負債**	
貸倒引当金	△ 14,000	長期借入金	500,000
		社債	900,000
		固定負債合計	1,400,000
有	1,000,000	負債合計	2,000,000
建	1,000,000	**純　　資　　産　　の　　部**	
減価償却累計額	△ 300,000	**株主資本**	

長期間かけて
返済できるのが
特徴の負債

「固定負債」は、表の右側の
2 番目のブロックに記載。

固定負債の種類

固定負債は、次のような 3 種類に分けられる。

固定負債
- 長期借入金
- 社　債
- 退職給付引当金

流動負債と固定負債の使いみちでの違い

流動負債

通常、運転資金すなわち商品代金や材料
費等の支払いや給料の支払いに使われる。

固定負債

ゆっくりと返済することができるので、
高額な設備の購入や新規店舗の出店費用
などに使われることが多い。

プラス情報　社債には、普通社債、転換社債、ワラント債がある。転換社債は株式に変えられるもので、ワラント債は会社の株式を買い付ける権利のある社債。なお、債権はペーパーレス化されている。

「固定負債」は信用性の高さのあらわれ

たとえば、1,000万円の借金をしたとします。流動負債と固定負債のどちらを選ぶのが会社にとってメリットが大きいでしょうか？

答えは固定負債です。固定負債だと長期間にわたって借金を抱え続けることになるので、気分的には嫌なものです。でも、**会社にとっては流動負債よりも固定負債の方が安全性は高いと考えられています。**

もしも、1,000万円の借金を流動負債として1年以内で返さなければいけないとなると、お金を借りてもすぐに返済期限が来てしまうので、早期に返済の準備をしなければなりません。下手をすると、返済のことが気になってしまい、せっかく借りた1,000万円のお金を本来の目的に使うことすらできなくなってしまうかもしれません。

1,000万円のお金を固定負債、つまり1年を超えて返済をすることができれば、借りたお金を計画通りに使うことができ、返済の準備も時間をかけて行うことができるわけです。ですから、会社経営上、固定負債の方が安全性は高いといえるのです。

また、**固定負債として借金ができるのは、お金を貸す銀行がその会社を信用していればこそといえます。**その意味でも、固定負債は会社の信頼性の証ともいえるのです。

「固定負債」と「株主資本」の比較

「株主資本」（➡P78）は、株主が会社に対して*出資、つまり会社に対して出してくれたお金のことです。株主は会社の将来性に期待し、高い配当を得ることを目的として出資するため、会社にそのお金を返済する義務はありません。ですから会社は、返済の心配をすることなく、お金を会社経営につぎ込むことができます。

固定負債は、流動負債に比べると安全性が高いといえますが、同じ貸借対照表の右側に位置する「調達源泉」である株主資本と比べると、安全性での軍配は株主資本の方に上がります。

用語解説 *出資＝会社や組織に自分の財産を投資することであり、配当金をもらうこと、経営に参画することなどを目的とする。出資したお金を出資金、出した人を出資者という。

社債と株式の相違点

社債も株式も、投資家からお金を集めるという点では共通しているが、次の表の部分が違う。

	社　債	株　式
お金を出した人の立場	債権者	株主
会社からの返金	返金してもらえる	基本的に返金してもらえない
受け取れる儲けの種類	利息	配当金
儲けがもらえる確実性	利益が出ていなくても必ずもらえる	利益が出ていなければもらえない場合もある

資金調達方法の変化

従来は金融機関から借入れる間接金融が中心であったが、近年は直接金融も増えている。

間接金融

以前は、銀行の影響力が大きかったことや投資家が少なかったなどの理由で、銀行からの借入れ（間接金融）が中心。

直接金融

信用力を活かして社債を発行し、資金を調達する会社が増加。株式の発行と合わせて、直接金融と呼ばれる。

直接金融のしくみ

直接金融は投資家から直接お金を借りることであり、社債などの債権や株式が該当する。「直接」という言葉が入るが、実際は、証券会社が仲介役としてかかわってくる。

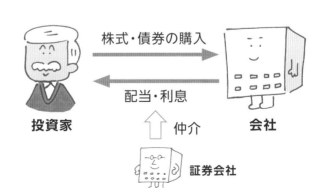

株式・債券の購入

配当・利息

仲介

投資家　　会社　　証券会社

プラス情報 長期借入金は固定負債に計上されるが、長期借入金であっても、1年以内に元金の返済期日がくる部分については、項目を変えて流動負債に記載するのが原則になる。

「株主資本」は会社の "お金の余裕"をあらわす!

純資産の部のメインは「株主資本」

　純資産の部は、「株主資本」「評価・換算差額等」「新株予約権」の３つに分けられます。負債とは違い、あとでお金を返す必要がないものばかりで、代表的なものが純資産のほとんどを占める「株主資本」です。

　株主資本は、「資本金」「資本剰余金」「利益剰余金」「自己株式」の４つの項目からなります。資本金と資本剰余金は株主が会社に出したお金であり、利益剰余金は会社の利益の蓄えです。また、自己株式は、会社が発行した株式を会社自らが買い取って保有しているものになります。

　４つの株主資本のうち、重要度の高い「資本金」「資本剰余金」「利益剰余金」について、さらにくわしく見ていきましょう。

「資本金」と「資本剰余金」の役割

　株式会社では、株式を発行して世の中からお金を集めます。会社の求めに応じて株式を購入した人が株主となり、**出資してくれた分が資本金になります。**

　ただし、株主が会社に出してくれた分すべてを資本金とはしないこともあります。なぜなら、すべてを資本金にしてしまうと、赤字が累積したとき、会社の資本金を減らす減資*という手続きをしなければならない可能性が出てくるためです。それを避けるために、**資本金にしないで剰余金としてお金をプールしておき、資本を減らさなければならない事態に備えるのです。それが、資本剰余金の役割のひとつになります。**

用語解説 *減資＝会社が資本金を減らすこと。資本金はもともと会社の規模や体力をあらわすものであり、減資は規模の縮小にほかならない。大きな損失や赤字が累積した場合にこの方法がとられることがある。

決算書の
ココを見る！

「株主資本」は
純資産のほとん
どを占める

「株主資本」は表の右側の2
番目のブロックに記載。

株主資本の構成

株主資本の大きな柱は、「資本金」「資本剰余金」「利益剰余金」「自己株式」の4つの項目である。資本剰余金には、「資本準備金」と「その他資本剰余金」があり、資本金にしなかった出資金は「資本準備金」となる。

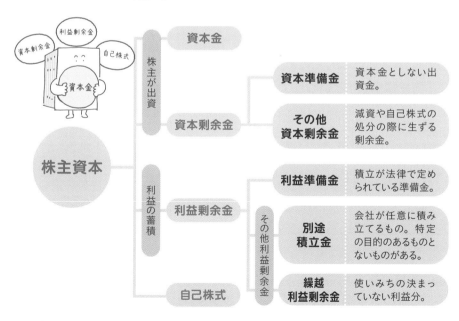

資本剰余金は、新株の発行などにより増資することで生まれる剰余金のこと。一般的にそのほとんどは、資本準備金が占めることが多い。

「利益剰余金」は会社が稼ぎ出した利益の蓄え

「利益剰余金」は、会社が稼ぎ出した利益の蓄えです。**会社が稼ぎ出した利益の一部は株主に配当金として支払われ、それ以外が貸借対照表に利益剰余金として計上されます。**ここであらわされるのは、会社がどれだけ利益の貯金をもっているか、ということです。

　たとえば、結婚相手で考えるならば、貯金のまったくない人より、たくさん貯金のある人の方がよいに決まっていますよね。会社も同様で、安定度、余裕度の目安となる利益剰余金は、とても重要な数字なのです。

　利益剰余金には、「利益準備金」と「その他利益剰余金」の2つの種類がありますので、以下に見ていきましょう。

積み立てが定められている「利益準備金」

　法律では、会社の利益のすべてを株主に配当することを禁じています。会社の利益のすべてを株主に配当金として支払ってしまうと、会社にお金が残らなくなってしまい、万が一経営がうまくいかなくなったときに会社にお金を貸している人たちが、損害を被る可能性が生じるためです。

　そこで法律で、準備金として資本準備金と合わせて、その額が定められています。具体的には、**株主に配当する金額の一定割合の額を、会社に「利益準備金」という形で残しておかなければなりません。**

使いみちの決まっていない「利益の貯金箱」

　利益剰余金のもうひとつの内訳が、「その他利益剰余金」で、そこに属するのが、「繰越利益剰余金」になります。**会社の最終的な利益は、繰越利益剰余金に集められることになります。**しかも、当期の利益だけでなく、配当などで減少した分を除くこれまでの利益がすべて繰越利益剰余金に蓄積されるわけです。ですから、**繰越利益剰余金は、会社にとっての"利益の貯金箱"**ということができます。

プラス情報　利益準備金は、「その他利益剰余金」への振り替えに利用が限られていて、資本金へ組み入れることは法律で認められていなかったが、法改正で資本金への組み入れが可能になっている。

法律で定めている法定準備金には、「資本準備金」と「利益準備金」が当てはまり、準備しなければならない額が定められている。

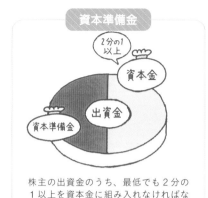

資本準備金

2分の1以上／資本金／出資金／資本準備金

株主の出資金のうち、最低でも2分の1以上を資本金に組み入れなければならず、残り分が資本準備金となる。

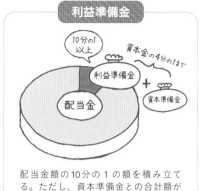

利益準備金

10分の1以上／資本金の4分の1まで／利益準備金＋資本準備金／配当金

配当金額の10分の1の額を積み立てる。ただし、資本準備金との合計額が資本金の4分の1になるまでとされる。

「自己株式」は株主資本の減少になる

「自己株式」を会社が買い取るということは、株主に出資してもらうことと逆、すなわち出資してもらったお金を返すということになります。出資してもらった場合は資本金が増えるので、自己株式を買い取った場合は資本金が減ることになります。

　そこで、**貸借対照表上において自己株式は、株主資本から控除することになり、マイナスを付けて表示します。**

自己株式の表示方法

自己株式はマイナスで表示されるが、取得すれば発行済株式総数の減少につながるため、株価を上げるメリットをもたらす。

	純　資　産　の　部	
1,000,000		
△ 300,000	株主資本	
500,000	資本金	1,000,000
△ 100,000	資本剰余金	
	資本準備金	200,000
300,000	その他資本剰余金	230,000
	利益剰余金	
200,000	利益準備金	100,000
400,000	その他利益剰余金	
2,000,000	別途積立金	60,000
	繰越利益剰余金	40,000
	自己株式	△ 30,000

株主資本から控除するために、**マイナスとなる。**

プラス情報 当期純利益のうち、いくらを株主に配当するか、会社にどの目的でいくら残すかなどは株主総会で決められ、それら以外の残った利益が、繰越利益剰余金として計上される。

"時価"の資産は評価に注意！「評価・換算差額等」のしくみ

同じ有価証券でも計上する場所が違う

「評価・換算差額等」の代表例は、「その他有価証券評価差額金」で、**投資有価証券を時価で評価した際に生じる評価損益のことです**。評価損益とは、有価証券を買ったときの金額よりも、期末における市場価格（時価）の方が高くなったり、低くなった場合の差額のことです。

「有価証券」は、通常、短期的なお金儲けを目的として購入されるもので、貸借対照表では「流動資産」に計上されます。そして、その評価損益は、損益計算書の「営業外収益・営業外費用」に計上され、当期の利益や損失となります。しかし「投資有価証券」は、貸借対照表の「固定資産」に計上されます。「投資有価証券」は、企業どうしが良好な関係を構築する目的で長期にわたり株式をもち合う…などが該当するためです。つまり、資産価値が"流動的"ではないため、評価損益は「その他有価証券評価差額金」に計上されるのです。

「投資有価証券」は評価損益として計上

「投資有価証券」を正しく評価するには、期末の時価で貸借対照表に計上するべきですが（時価会計）、「評価損益」は売ることが決まっているわけではないので、収益や費用として計上しても、その分のお金がいつ入ってくるかわかりません。そこで、**貸借対照表の固定資産に期末の時価で計上しつつ、その結果生じた評価損益については、貸借対照表の純資産の部に「その他有価証券評価差額金」として計上するのです**。

用語解説　＊**投資有価証券**＝売買を目的とした有価証券や1年以内が満期の社債以外の有価証券のことで、市場では価格がついていない株式も含める。おもに会社の関係性維持などのために保有される。

決算書の
ココを見る！

「評価・換算差額等」は、純資産の2番目に記される。

		B/S 純資産の部	
建物	1,000,000		
減価償却累計額	△ 300,000	**株主資本**	
備品	500,000	資本金	1,000,000
減価償却累計額	△ 100,000	資本剰余金	
無形固定資産		資本準備金	200,000
のれん	300,000	その他資本剰余金	30,000
投資その他の資産		利益剰余金	
子会社株式	200,000	利益準備金	100,000
長期貸付金	400,000	その他利益剰余金	
固定資産合計	2,000,000	別途積立金	60,000
		繰越利益剰余金	40,000
		自己株式	△ 30,000
		評価・換算差額等	
		その他有価証券評価差額金	20,000
		新株予約権	80,000
		純資産合計	1,500,000
資産合計	3,500,000	負債および純資産合計	3,500,000

資産の購入時と現在の時価との差額などが記される

「評価・換算差額等」に計上される項目

評価・換算差額等のほとんどは、その他有価証券評価差額金が占める。

評価・換算差額等	**その他有価証券評価差額金**	固定資産の投資有価証券の評価損益のこと。子会社株式、関連会社株式は含まない。
	土地再評価差額金	事業用の時限立法によるもので、土地の購入時と評価時の差額。現在、土地再評価差額金を新規で計上することはできない。
	繰延ヘッジ損益	繰り延べられたデリバティブ（金融派生商品）などの損益のこと。

「その他有価証券評価差額金」の計算の仕方

例　100万円で購入した取引先の投資有価証券が、当期末で120万円に値上がりしていた場合。

時価		取得価格		繰延税金負債		その他の有価証券評価差額金
120万円	－	100万円	－	8万円	＝	12万円

繰延税金負債：
評価益20万円×税率40％＝8万円

※税効果会計（➡P136）を適用、税率40％換算

プラス情報　税効果会計を適用しているケースでは、評価差額から繰延税金負債（評価益の場合）・繰延税金資産（評価損の場合）を引いた金額を、「その他有価証券評価差額金」として計上する。

83

未来の会社の資本！「新株予約権」のしくみ

 「新株予約権」はゆくゆくは資本金になる

「新株予約権」は、**株式を一定の定められた価格で取得できる権利**です。株式の価格が上昇したところで権利を行使して株式を獲得し、そのまま売却すれば儲けることができるというものです。仮に1,000円で株式を得られる権利をもち、2,000円に上昇したところで購入して売ったとしたら、購入価格の倍の儲けが出るということになります。

新株予約権を使った報酬の一形態として、「ストックオプション」というものがあります。**役員や従業員の士気を高めるために会社が採用しているもの**で、ベンチャー企業などで広く採用されています。ストックオプションの権利は無償で与えられるものですが、一般の投資家への新株予約権は有償のものもあります。そして**そのお金は、会社の資本金となるものであり、純資産の部に新株予約権として記載しておくのです。**

 子会社があるときに出てくる「非支配株主持分」

「非支配株主持分」は、子会社の資本のうち、親会社が所有していない部分のことをいい、子会社を含めた企業グループをひとつの企業として考える連結決算（➡ P236）の貸借対照表に出てくる項目で、純資本の部で「新株予約権」の下にきます。子会社でも、100％親会社の資本が入っているとは限りません。80％親会社が株式をもつ会社だとしたら、残りの20％は親会社以外の株主が所有していることになり、それを「非支配株主持分」とします。

 新株予約権を使ったストックオプションは、将来的に株式公開を目指す会社に向いている。株式公開時に株価が大幅に上昇した場合に、役員や従業員が手にする報酬が大きくなるため。

決算書の
ココを見る！

「新株式予約権」は
株式を決まった
価格で買える権利

「新株予約権」は、純資産としては3番目の項目となる。

		純　資　産　の　部	
建物	1,000,000		
減価償却累計額	△ 300,000	株主資本	
備品	500,000	資本金	1,000,000
減価償却累計額	△ 100,000	資本剰余金	
無形固定資産		資本準備金	200,000
のれん	300,000	その他資本剰余金	30,000
投資その他の資産		利益剰余金	
子会社株式	200,000	利益準備金	100,000
長期貸付金	400,000	その他利益剰余金	
固定資産合計	2,000,000	別途積立金	60,000
		繰越利益剰余金	40,000
		自己株式	△ 30,000
		評価・換算差額等	
		その他有価証券評価差額金	20,000
		新株予約権	80,000
		純資産合計	1,500,000
資産合計	3,500,000	負債および純資産合計	3,500,000

新株予約権のメリットとデメリット

新株予約権には、次のようなメリットとデメリットがある。

メリット

会社にとっては社債などのように利子が生じることなく、手もとの資金を増やすことができる。

デメリット

新株式を発行することで既存の株式が希薄化し、株価の下落へとつながるおそれがある。

連結決算の考え方

親会社の会計に、子会社や関連会社の会計を加算した決算が連結決算。グループ全体の決算を知ることができるため、単独決算よりも重視される。連結決算による貸借対照表のことは「連結貸借対照表」といい、ほかの決算書も連結会計で作成される。

親　子

プラス
情報　新株予約権のひとつである「新株予約権付社債」は、株式に転換する権利が付いた社債。権利を行使すると社債が株式に変わるというもの。会社にとっては、多様な資金調達のひとつの方法となる。

どっちがどっち？　比べてわかる！

貸借対照表①

Q 安全性が高いのはNTTドコモ？それともソフトバンク？

（単位：百万円）

	NTTドコモ	ソフトバンク
資産の部		
固定資産		
有形固定資産	2,547,698	1,445,052
無形固定資産	639,847	947,177
投資その他の資産	1,019,068	608,310
固定資産合計	4,206,614	3,000,539
流動資産		
現金預金	19,980	148,127
売掛金	533,067	804,123
その他の流動資産	2,145,546	999,910
流動資産合計	2,698,593	1,952,160
資産合計	6,905,208	4,952,699
負債の部		
固定負債		
社債	50,000	40,000
退職給付引当金	160,344	10,467
長期借入金	-	1,425,528
その他の固定負債	165,919	660,118
固定負債合計	376,263	2,136,113
流動負債		
買掛金	317,515	68,559
短期借入金	55,500	61,000
その他の流動負債	1,134,057	1,738,542
流動負債合計	1,507,072	1,868,101
負債合計	1,883,335	4,004,214
純資産の部		
株主資本	4,992,066	945,540
評価・換算差額等	29,805	△ 3,437
新株予約権	-	6,382
純資産合計	5,021,872	948,485
負債・純資産合計	6,905,208	4,952,699

ともに2020年3月末までの1年間の決算

ヒント　倒産してしまう会社の大きな要因とは？

借金の多さは、会社存続のための安全性の目安！

　ここで使用する貸借対照表は、連結ではなく単体です。ですから、NTTドコモにはNTTの固定電話事業は含まれませんし、ソフトバンクにはヤフーやライン、あるいは投資ファンド事業によるものは含まれていません。

　会計期間は両社とも2020年3月31日を決算日とする1年間で比較します。両社は携帯電話会社なので、電波を受信するための基地局などが必要となり、多くの固定資産を所有しています。

　ですから、**両社の貸借対照表は、流動項目よりも固定項目を先に記載する方法で作成されています。**

見るべきポイント！

（単位：百万円）

	NTTドコモ	ソフトバンク
固定負債		
社債	50,000	40,000
退職給付引当金	160,344	10,467
長期借入金	-	1,425,528
その他の固定負債	165,919	660,118
固定負債合計	376,263	2,136,113

ソフトバンクは1.4兆円もの借金があるということになる。社債や借入金が負債の代表的なもの。

ソフトバンクの長期借入金がずば抜けて多いね

　ソフトバンクは以前から借金の多いことで有名で、日本一借金の多い会社とされています。上記はソフトバンク2020年3月末単体のものですが、**ソフトバンクグループの2021年3月末の借金は約10兆円あるので、中規模の国家予算に相当するほどの借金**ということになります。

　本文でも触れましたが、借金が多いからといって、必ずしも悪いわけではありません。さらなる成長のために借金は必要ですし、借金ができるということは信用の証でもあります。ただし、安全性という意味では、NTTドコモに軍配が上がることになります。

答 NTTドコモ

どっちがどっち？ 比べてわかる！

貸借対照表②

Q 利益の蓄えが豊富なのは三越伊勢丹？
それとも高島屋？

（単位：百万円）

	三越伊勢丹 HD	高島屋
資産の部		
流動資産		
現金預金	100,041	106,675
受取手形及び売掛金	116,415	100,682
その他の流動資産	65,992	76,250
流動資産合計	282,448	283,607
固定資産		
有形固定資産	710,252	706,535
無形固定資産	38,863	36,439
投資その他の資産	166,635	123,923
固定資産合計	915,751	866,899
繰延資産	102	-
資産合計	1,198,303	1,150,506
負債の部		
流動負債		
支払手形及び買掛金	83,140	86,965
短期借入金	31,084	28,220
その他の流動負債	263,629	287,440
流動負債合計	377,853	402,625
固定負債		
長期借入金	87,800	98,565
その他の固定負債	224,373	234,204
固定負債合計	312,173	332,769
負債合計	690,027	735,395
純資産の部		
株主資本		
資本金	50,995	66,025
資本剰余金	323,755	54,790
利益剰余金	138,865	270,615
自己株式	△ 18,654	△ 15,993
株主資本合計	494,962	375,437
その他	13,313	39,674
純資産合計	508,275	415,111
負債・純資産合計	1,198,303	1,150,506

三越伊勢丹HDは2021年3月末までの1年間の決算。高島屋は2021年2月末までの決算。

ヒント 決算書で、会社の貯金箱的な
意味合いの勘定科目とは？

利益剰余金の金額の違いに注目！

利益の蓄えが豊富な会社も、貸借対照表から明らかにすることができます。両社とも、創業が江戸時代という老舗中の老舗百貨店で、全国に展開していますが、三越伊勢丹は関東でのブランド力が強く、高島屋は関西でのブランド力が強いイメージがあります。

（単位：百万円）

	三越伊勢丹	高島屋
流動資産	282,448	283,607
固定資産	915,751	866,899
流動負債	377,853	402,625
固定負債	312,173	332,769

両社の資産、負債を見比べると、驚くくらい似たような数字が並んでいることがわかる。

経営環境が同じということも影響しているんだね

同じ商売を営んでいるとはいえ、ここまで似たような金額になることは、そうそうないかと思います。このように、**とても似ている両社の財政状態ですが、利益剰余金の金額に違いを読み取ることができます。**

見るべきポイント！

（単位：百万円）

	三越伊勢丹 HD	高島屋
利益剰余金	138,865	270,615
自己株式	△ 18,654	△ 15,993
株主資本合計	494,962	375,437
その他	13,313	39,674

資産や負債については、ほぼ同じような金額だが、利益剰余金は高島屋のほうが三越伊勢丹の約2倍ほどある。

利益剰余金は会社の貯金箱みたいなものだったね

利益剰余金は過去の利益の蓄積ですので、これを元にして株主への配当や設備投資などを行うことができます。 そのため、高島屋のほうがそういった意味で余裕度合いが高いと言えるでしょう。

答 高島屋

世界で通用する
決算書「IFRS」とは？

グローバルな経済市場が拡大！

　日本の企業が海外のあらゆる地域へと進出し、日本にも海外からの企業が多く参入している現状は、経済のグローバル化という世界的な潮流で考えれば当然のことといえます。モノとお金は国境を越えて絶え間なく行き来し、日本の企業に対して国外からの投資が積極的に行われており、株式市場の6割以上を外国人投資家が占めているという事実もあります。

　そんな国内外の企業が入り乱れるなかで、社外から会社の業績を知る唯一の方法である決算書も、国際基準のルールで作成されることを望む声が高まりつつあります。海外の企業と日本の企業を比べる際に、ルールが異なってつくられていれば正しい優劣の判断ができないからです。

国際的な会計基準が求められている！

　世界に通用する国際的な会計基準がIFRS（国際財務報告基準）です。これはEU圏が主導した会計基準であり、2005年よりEU圏内の上場企業に適用が義務付けられました。IFRSについては、日本でも国際的な流れを受けて、金融庁が国内企業への適用に積極的な姿勢を見せてきました。

　IFRSとこれまでの日本の基準との大きな違いは、決算書の名称にもあらわれてきます。貸借対照表は「財政状態計算書」となり、損益計算書は「包括利益計算書」となります。名称のみならず、売上を計上するタイミングの違いなどにも影響がおよびます。

　長期的にはIFRSの義務化も金融庁の視野に入っているようですが、しばらくの間はそこまでは至らないと考えておいてよいでしょう。ただし、任意でIFRSを適用することは認めており、海外を主戦場とする企業を中心に適用企業も出てきているので、今後の動向には注意が必要です。

第 3 章

キャッシュフロー
計算書(C/F)の
しくみと見方

会社のお金の動きがわかる決算書。
これを見れば、会社に余裕があるか、
それとも危機的状況にあるかが一目瞭然です。

キャッシュフロー計算書から会社の "お金" が見えてくる！

キャッシュフロー計算書の表の見方

　キャッシュフロー計算書（略称C/F）は、１年間の会社のお金の流れ、つまり、**どのような理由でお金が入ってきて、どのような理由でお金が出ていったのかをあらわした表のことです。**貸借対照表でも前期との比較でどのくらい現金が増えたかはわかりますが、詳細で具体的な現金の増減を判別するには、キャッシュフロー計算書を見るしかありません。

　通常、会社の作成するキャッシュフロー計算書は右ページのような表になっています。上から「営業活動によるキャッシュフロー（➡P98）」「投資活動によるキャッシュフロー（➡P102）」「財務活動によるキャッシュフロー（➡P104）」という区分になります。そして、この３つの合計金額がプラスだったら、それがこの１年間で増えたお金を意味し、逆にマイナスだったら、それがこの１年間で減ったお金を意味します。

営業CFは商売でのお金の出入り

　キャッシュフロー計算書の最初に記載されるのが、「営業活動によるキャッシュフロー」の区分です。**営業キャッシュフロー（営業CF）と呼ばれ、商売上のお金の出入りが記載されています。**

　商品を売ったことでいくらお金が入ってきたか、商品を購入したことでいくらお金が出ていったか、さらには給料の支払いや家賃の支払いでお金がいくら出ていったか、といった項目がここに記載されることになります。

プラス情報　キャッシュフロー計算書は、損益計算書や貸借対照表だけでは伝えきれないお金の動きの状況を伝えるために1999年に新たに導入された決算書で、大企業には作成が義務付けられている。

キャッシュフロー計算書の表

…営業CF
…投資CF
…財務CF

それぞれ上記の色が営業活動によるキャッシュフロー、投資活動によるキャッシュフロー、財務活動によるキャッシュフローをあらわす。キャッシュフロー計算書は、大きくはこの3つの区分で構成されている。

 キャッシュフロー計算書
自○○年4月1日　至○○年3月31日　（単位：千円）

営業活動によるキャッシュフロー	
税引前当期純利益	15,000
減価償却費	2,000
貸倒引当金の増加額	500
受取利息及び受取配当金	△ 400
支払利息	300
有価証券売却益	△ 200
有価証券評価損	300
固定資産売却損	1,000
売上債権の増加額	△ 8,000
棚卸資産の増加額	△ 500
仕入債務の増加額	2,000
小　　計	12,000
利息及び配当金の受取額	300
利息の支払額	△ 400
法人税等の支払額	△ 4,900
営業活動によるキャッシュフロー	7,000
投資活動によるキャッシュフロー	
有価証券の取得による支出	△ 250
有価証券の売却による収入	350
有形固定資産の取得による支出	△ 9,000
有形固定資産の売却による収入	4,400
投資活動によるキャッシュフロー	△ 4,500
財務活動によるキャッシュフロー	
短期借入れによる収入	1,500
短期借入金の返済による支出	△ 1,000
長期借入れによる収入	2,000
長期借入金の返済による支出	△ 500
配当金の支払額	△ 1,500
財務活動によるキャッシュフロー	500
現金及び現金同等物の増加額	3,000
現金及び現金同等物の期首残高	42,000
現金及び現金同等物の期末残高	45,000

3つの区分の関係性

キャッシュフロー計算書の3つの区分は、以下のような関係性になる。

 ＋ 投資キャッシュフロー ＋ 財務キャッシュフロー ＝ 1年間のお金の増減額

 プラス情報 キャッシュフロー計算書の導入の歴史はまだ浅いが、会社経営の透明性を確保する上で欠かせない資料であり、第3の財務諸表（決算書）として重要視されている。

投資CFは資金運用によるお金の出入り

　キャッシュフロー計算書の2番目に記載されるのが、「投資活動によるキャッシュフロー」の区分です。**投資キャッシュフロー（投資CF）と呼ばれ、資金運用上のお金の出入りが記載されています。**

　会社は資金に余裕があれば、それを利用して儲けることを試みます。たとえば、株を購入したり、誰かにお金を貸して利息を得たり、あるいは固定資産に投資して今後の商売の拡大をはかったりする…などです。そこから生じるお金の出入りが、投資キャッシュフローに記載されます。

財務CFは資金調達がらみのお金の出入り

　キャッシュフロー計算書の3番目に記載されるのが、「財務活動によるキャッシュフロー」の区分です。**財務キャッシュフロー（財務CF）と呼ばれ、資金調達上のお金の出入りが記載されています。**

　会社は資金が不足してくると、銀行などから借入れを行って会社経営にあてます。銀行からお金を借りていくら増えたか、銀行にお金を返済していくら減ったか…などが財務キャッシュフローに記載されるのです。

キャッシュフロー計算書でわかること

キャッシュフロー計算書はさまざまな情報を提供してくれる。一番大事な現金を生み出す能力に加えて、財務構造の変化や、投資活動、支払い活動の動きなどを、この決算書から読みとることができる。

現金を生み出す力

財務活動

支払い活動の動き

現金の出入り

プラス情報　損益計算書や貸借対照表は、中小零細企業であろうと自営業であろうと作成しなければならない。しかし、キャッシュフロー計算書は、上場企業などでは作成することが義務付けられている。

最後に期末の現金が記載される！

　キャッシュフロー計算書の最後には、「営業活動によるキャッシュフロー」「投資活動によるキャッシュフロー」「財務活動によるキャッシュフロー」の合計額に、1年の最初にあった現金の金額を足した金額が記載されます。それが、「現金及び現金同等物の期末残高」であり、この金額を見れば、**1年の最後の時点での会社に残っている現金が一目瞭然な**のです。

「キャッシュ」が示す範囲

キャッシュフロー計算書で取り扱う「キャッシュ」は、現金、預金のほかにも現金同等物がある。なお、現金同等物は、期間が3か月以内であるかどうかが目安となる。

現金・預金
手もとにある現金、預金者の請求によりただちに払い戻される預金（要求払預金）。

現金同等物
かんたんに換金ができて、価格変動のリスクのない短期投資のこと。3か月満期のスーパー定期、公社債投資信託などが含まれる。

キャッシュフロー計算書の種類

キャッシュフロー計算書の営業キャッシュフローには、次の2種類の表示方法がある。本書では原則、間接法で説明していく。

間接法
税引前当期純利益にキャッシュのズレを生じさせる項目を加減算する方法で、多くの上場企業で採用。損益計算書とのつながりがわかりやすいのがメリット。

直接法
入金総額から出金総額を引いて営業CFを算出する方法。会計的な知識がなくてもわかりやすいが、連結決算では手間がかかる。

プラス情報　有価証券報告書はキャッシュフロー計算書などを含む外部への開示資料で、事業年度ごとに作成する必要がある。株式公開している大企業を中心に、金融商品取引法で開示が規定されている。

3-2　CF 計算書の「役割と活用法」

キャッシュフロー計算書は "ウソがつけない" 決算書！

利益と現金をつなぐ変換装置

　キャッシュフロー計算書の最初に記載される金額は、「税引前当期純利益」になります。税引前当期純利益というと、損益計算書の5つの利益（→ P26）としても登場しました。この金額が、キャッシュフロー計算書の最初に出てくるわけです。

　そしてキャッシュフロー計算書の最後には、1年の最後の現金すなわち期末の現金が記載されます。これは貸借対照表の現金とほぼ同額になります。つまりキャッシュフロー計算書は、**損益計算書の税引前当期純利益からはじまって、貸借対照表の現金にたどり着くことになるのです。**いうならば、キャッシュフロー計算書は、損益計算書と貸借対照表をつなぐ役割を果たすわけです。

キャッシュフロー計算書のよさは "客観的"

　キャッシュフロー計算書の特徴として、"ウソがつけない決算書" ということがあげられます。損益計算書や貸借対照表もウソをついてはいけないものですが、ウソをつこうと思ったらかんたんにウソをつくことができます。たとえば、商品の在庫の金額をごまかしてみたり、本当は次年度の売上を今年の売上として計上したりする…などがあげられます。

　その点、現金の出入りというのは客観的なものであり、誰が見ても明らかなものです。その意味で、**キャッシュフロー計算書は、もっとも信頼性の高い決算書といえます。**

お金の流れを把握できるキャッシュフロー計算書は、借入れなどによらず、自分の会社で生み出したお金で経営できる体質にするために非常に重要な資料となる。

キャッシュフロー計算書のしくみ　キャッシュフロー計算書は、損益計算書や貸借対照表とも連動している。

キャッシュフロー計算書
自○○年4月1日 至○○年3月31日 （単位：千円）

営業活動によるキャッシュフロー	
税引前当期純利益	15,000
減価償却費	2,000
貸倒引当金の増加額	500
受取利息及び受取配当金	△ 400
支払利息	300
有価証券売却益	△ 200
有価証券評価損	300
固定資産売却損	1,000
売上債権の増加額	△ 8,000
棚卸資産の増加額	△ 500
仕入債務の増加額	2,000
小 計	12,000
利息及び配当金の受取額	300
利息の支払額	△ 400
法人税等の支払額	△ 4,900
営業活動によるキャッシュフロー	7,000
投資活動によるキャッシュフロー	
有価証券の取得による支出	△ 250
有価証券の売却による収入	350
有形固定資産の取得による支出	△ 9,000
有形固定資産の売却による収入	4,400
投資活動によるキャッシュフロー	△ 4,500
財務活動によるキャッシュフロー	
短期借入れによる収入	1,500
短期借入金の返済による支出	△ 1,000
長期借入れによる収入	2,000
長期借入金の返済による支出	△ 500
配当金の支払額	△ 1,500
財務活動によるキャッシュフロー	500
現金及び現金同等物の増加額	3,000
現金及び現金同等物の期首残高	42,000
現金及び現金同等物の期末残高	45,000

損益計算書の「税引前当期純利益」

営業キャッシュフロー

投資キャッシュフロー

財務キャッシュフロー

当期のキャッシュ増加分（営業キャッシュフロー＋投資キャッシュフロー＋財務キャッシュフロー）

期末のキャッシュ残高

貸借対照表の「現金・預金」とほぼ同額

黒字倒産の可能性を見破れる！

　会社を続けていくためには、キャッシュが一番大事です。利益が出ていても、売上代金をしっかり回収できない、借金の返済が多い…などの理由でお金が足りなくなってしまえば倒産に追い込まれてしまうことがあります。場合によっては黒字倒産もありうるのです。**損益計算書や貸借対照表だけでは黒字倒産を見抜くことはむずかしいですが、キャッシュフロー計算書があれば、それを見抜くことができるのです。**

用語解説 *黒字倒産＝損益計算書では利益が生じていたのにもかかわらず、会社が潰れてしまうこと。売上債権が回収できず、現金が不足して倒産に追い込まれるのが代表的な例。

3-3 CF計算書の「営業CF」

「営業キャッシュフロー」が プラスかマイナスかがキモ！

本業でお金を稼いでこそ会社は成立！

キャッシュフロー計算書の最初の区分が、「営業活動によるキャッシュフロー」（以下、「営業キャッシュフロー」）です。営業キャッシュフローには、文字通り**会社の本業によるお金の流れが記載されることになり、キャッシュフロー計算書のなかでも最も重要な区分になります。**

営業キャッシュフローは、いわゆる通常の商売の営みからちゃんと現金が入ってきて、最終的にどれくらい残ったのかを示すわけです。すなわち、**営業キャッシュフローが多いということは、お金を生み出す能力が高いということを意味し、よい会社の第一の条件ともいえます。**

マイナスだと倒産する可能性も…

会社をはじめたばかりのころや、商売のやり方を大きく変えた過渡期の1〜2年で、営業キャッシュフローがマイナスになるというのであれば、仕方ないかもしれません。そういった事情であれば、株主に追加でお金を出してもらうとか、銀行からお金を貸してもらって資金をつなぐこともできます。

しかし、何年も続けて営業キャッシュフローのマイナスが続くようならば、**その会社はいずれ資金繰りに行き詰まってしまい、倒産する可能性が高いと考えることができます。**やはり本業できちんと儲けていかないと、会社を続けて行くことはできなくなってしまうので、営業キャッシュフローは基本的にプラスでないといけないのです。

営業キャッシュフローの見方として、まずは金額がプラスになっているかどうかをチェックし、税引前当期純利益がプラスかどうかや、減価償却費などの項目を確認していく。

決算書の ココを見る！

C/F キャッシュフロー計算書

自○○年4月1日　至○○年3月31日　　（単位：千円）

営業活動によるキャッシュフロー	
税引前当期純利益	15,000
減価償却費	2,000
貸倒引当金の増加額	500
受取利息及び受取配当金	△ 400
支払利息	300
有価証券売却益	△ 200
有価証券評価損	300
固定資産売却損	1,000
売上債権の増加額	△ 8,000
棚卸資産の増加額	△ 500
仕入債務の増加額	2,000
小　計	12,000
利息及び配当金の受取額	300
利息の支払額	△ 400
法人税等の支払額	△ 4,900
営業活動によるキャッシュフロー	7,000

最後の「営業活動によるキャッシュフロー」がプラスかマイナスかに注目！

3つの区分のなかで、最も重要視される部分。

営業キャッシュフローの見方

営業キャッシュフローは、プラスであることがよい会社の条件となる。

営業キャッシュフロー プラス

キャッシュが増加

投資キャッシュフロー、財務キャッシュフローへお金をまわすことが可能。設備投資や借金の返済に使うことができるということ。

営業キャッシュフロー マイナス

キャッシュが減少

キャッシュが不足。設備投資や借金の返済を行うため、借入金に依存せざるをえない。

プラス情報 営業キャッシュフローには、損害賠償の損失や災害での保険金収入といった一時的なお金の出入りも含まれる。したがって、単年度だけでなく複数年の数字を見て判断することが大事。

費用計上された分を戻す第1分類

　営業キャッシュフローの計算方法には、間接法と直接法があります（➡P95）。多くの会社のキャッシュフロー計算書は、間接法で作成されていると思っておいて特に問題はありません。

　間接法における「営業活動によるキャッシュフロー」の区分のスタートは、「税引前当期純利益」です。そこから「小計」のところまでを3つのブロックに分類することができます。営業活動によるキャッシュフローの区分の流れを理解するためには、これら3つの分類の意味合いを把握しておけば、理解の度合いも高まります。

　第1分類は、費用に計上されているにもかかわらず、現金が出ていっていない項目です。具体的には、減価償却費や貸倒引当金の増加額などが該当します。これらは、利益を計算する上で費用として計上はしますが、実際にはこの1年でお金は出ていっていません。そのため、手もとのキャッシュを計算する上では、これらの引いた分をもとに戻すため、「税引前当期純利益」に加算することになります。

営業キャッシュフローの分類　税引前当期純利益から第1～3分類の項目を、現金の流入ならばプラスし、流出ならマイナスする。

キャッシュフロー計算書
自○○年4月1日　至○○年3月31日　　（単位：千円）

営業活動によるキャッシュフロー		流入なら＋ 流出なら−
税引前当期純利益	15,000	
減価償却費	2,000	＋ 第1分類
貸倒引当金の増加額	500	＋
受取利息及び受取配当金	△ 400	−
支払利息	300	＋
有価証券売却益	△ 200	− 第2分類
有価証券評価損	300	＋
固定資産売却損	1,000	＋
売上債権の増加額	△ 8,000	−
棚卸資産の増加額	△ 500	− 第3分類
仕入債務の増加額	2,000	＋
小　計	12,000	＋
利息及び配当金の受取額	300	＋
利息の支払額	△ 400	−
法人税等の支払額	△ 4,900	−
営業活動によるキャッシュフロー	7,000	最終的な営業キャッシュフローの金額

小計から、利息の支払額や法人税等の支払額を除く

プラス情報　営業キャッシュフローを増やすにはいくつかの方法があるが、まず売上債権の比率を下げることがあげられる。つまり、現金販売の比率を上げ、売掛金の回収期間を短くすることがポイントとなる。

営業利益に戻すための第2分類

　営業活動での現金の動きをあらわす営業キャッシュフローの区分は、損益計算書の「税引前当期純利益」からスタートしています。しかし税引前当期純利益だと、営業外の収益・費用や特別損益が加算されてしまうので、純粋に本業だけの内容とはいえなくなってしまいます。

　そこで、**税引前当期純利益から、「営業外収益」「営業外費用」「特別利益」「特別損失」を差し引いてあげる必要が出てきます。**この調整を行うことにより、営業活動だけの現金の流れにしてあげるのです。**この調整で出てくる項目が第2分類に属するものです。**

第3分類は利益とキャッシュの微調整

　最後の**第3分類は、利益とキャッシュの微調整で、「売上債権」「棚卸資産」「仕入債務の増加額」**などが該当します。売上債権の増加とは、期首から期末までにどれだけ売掛金などが増えたかということであり、この金額がちょうど利益とキャッシュの差額になります。売上債権が増えていれば、その分を引いてあげ、減っていれば足してあげることとなります。

利益とキャッシュの差額	下の式のように、期首の売掛金10万円と期末の売掛金32万円の差額である22万円が当期の売掛金の増加分となるので、これを営業キャッシュフローの第3分類として計上。この22万円は、利益とキャッシュの差額と同額になる。

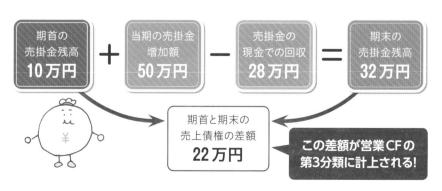

営業キャッシュフローで最初に出てくるのは必ずしも税引前当期純利益とは限らない。「営業収入」などという項目が出てくれば、そのキャッシュフロー計算書は直接法（➡P95）で作成されている。

マイナスの方が成長企業？「投資キャッシュフロー」の見方

投資キャッシュフローでの2つの投資

キャッシュフロー計算書の2番目の区分が、「投資活動によるキャッシュフロー」（以下、「投資キャッシュフロー」）です。**投資キャッシュフローには、投資にともなう現金の流れが記載されます。**投資の内容を大きく分けると、次の2つに分けることができます。

1つ目は会社を発展させるための投資。会社の工場や機械、設備などへの投資が該当します。**2つ目は、株式投資など、お金を有効に利用するための資金運用です。**株式を購入すればお金が出ていきますし、逆に株式を売却すればお金が入ってきます。これら2つが投資キャッシュフローに記載されます。

投資キャッシュフローはマイナスの方がよい！

投資キャッシュフローを見れば、その会社が将来発展するかどうか推測できます。製造業を例にあげると、もしも*設備投資を行わなければ、同じ設備や機械を使って、同じ製品をつくり続けることになります。同じ設備や機械を使い続ければ老朽化し、故障も多くなり、コストパフォーマンスも悪くなります。また、同じ製品をつくり続けていれば、いつかは消費者に飽きられてしまい、売れ行きも悪くなっていくでしょう。

ですから会社は、**常に発展し続けていくために、お金が出ていこうとも設備投資をすることが大事なのです。**すなわち、投資キャッシュフローはマイナスであることが望ましいことになります。

用語解説 *設備投資＝会社の成長および売上維持のため、建物や機械設備などの有形固定資産、もしくはソフトウェアなどの無形固定資産に資金を投資すること。

決算書のココを見る！

キャッシュフロー計算書
自○○年4月1日 至○○年3月31日

営業活動によるキャッシュフロー	
税引前当期純利益	15,000
減価償却費	2,000
貸倒引当金の増加額	500
受取利息及び受取配当金	△ 400
支払利息	300
有価証券売却益	△ 200
有形固定資産売却益	300
固定資産売却損	1,000
売上債権の増加額	△ 8,000
棚卸資産の増加額	1,500
仕入債務の増加額	2,000
小　計	12,000
利息の支払額	△ 400
法人税等の支払額	△ 4,900
営業活動によるキャッシュフロー	7,000
投資活動によるキャッシュフロー	
有価証券の取得による支出	△ 250
有価証券の売却による収入	350
有形固定資産の取得による支出	△ 9,000
有形固定資産の売却による収入	4,400
投資活動によるキャッシュフロー	△ 4,500
財務活動によるキャッシュフロー	
短期借入れによる収入	1,500
短期借入金の返済による支出	△ 1,000
長期借入れによる収入	2,000
長期借入金の返済による支出	△ 500
配当金の支払額	△ 500
財務活動によるキャッシュフロー	500
現金及び現金同等物の増加額	3,000
現金及び現金同等物の期首残高	42,000
現金及び現金同等物の期末残高	45,000

会社の将来のために投資活動をしているかがわかる。

C/F

利息、～額	△ 400
法人税等の支払額	△ 4,900
営業活動によるキャッシュフロー	7,000
投資活動によるキャッシュフロー	
有価証券の取得による支出	△ 250
有価証券の売却による収入	350
有形固定資産の取得による支出	△ 9,000
有形固定資産の売却による収入	4,400
投資活動によるキャッシュフロー	△ 4,500
財務活動によるキャッシュフロー	
短期借入れによる収入	1,500
短期借入金の返済による支出	△ 1,000
長期借入れによる収入	2,000
長期借入金の返済による～	500
配当金の支払額	500
財務活動によるキャッシ～	500
現金及び現金同等物の増加額	3,000
現金及び現金同等物の期首残高	42,000
現金及び現金同等物の期末残高	45,000

> 代表的なものに、有価証券と有形固定資産の取得と売却による収入・支出がある

投資キャッシュフローの2つの分類

投資キャッシュフローには、おもに次のようなものがある。

会社を発展させる投資

おもに土地や建物、設備など、有形固定資産の売買にともなう投資がこれにあたる。

資金を増やすための投資

おもに有価証券の売買にともなう投資がこれにあたる。

投資キャッシュフローがプラスの会社

投資キャッシュフローがプラスの場合は、資金繰りが苦しくなっている結果、資産を売却して資金を確保した可能性も。そのため、内容をしっかりと分析して、経営が悪化していないかを読み取る必要がある。

投資CFの増加時には、経営状態の悪化も疑う必要がある。

プラス情報 投資キャッシュフローのおもなものは、有形固定資産と有価証券だが、それ以外に無形固定資産の取得や売却、資金の貸付けや回収に関するものなどもある。

「財務キャッシュフロー」で お金の借入・返済が見える！

お金を借りて資金を調達

キャッシュフロー計算書の3番目の区分が、「財務活動によるキャッシュフロー」（以下、「財務キャッシュフロー」）です。財務キャッシュフローには、資金調達に関する現金の流れが記載されます。資金調達方法を分けると、借金をするか、新たに株式を発行して株主から出資してもらうかの2つがあります。

資金調達方法のひとつである「借金」には、銀行からお金を借りる借入金と、投資家からお金を借りる社債があります。財務キャッシュフローには、借入金や社債の発行によりお金が入ってきたら「借入れによる収入」「社債の発行による収入」として記載され、借入金や社債を返済することによりお金が出ていったら「借入金の返済による支出」「社債の償還による支出」として記載されます。なお、借入れには長期と短期があります。

株式を発行して資金を調達

資金調達のもうひとつの方法が株式の発行です。一般的に増資*などともいわれ、会社が市場から資金を調達する目的で使われています。そして、株主から出資してもらったお金は「株式の発行による収入」として記載されます。このお金は返す必要のないものですが、利益が出ていれば株主に配当金を支払うことになり、配当金を支払ったお金は「配当金の支払額」として財務キャッシュフローに記載されます。

104　用語解説　*増資＝資本金を増やすことを意味し、公募して株主を募る公募増資と、既存の株主に発行する株主割当増資、業務提携などのために特定の企業に対して発行する第三者割当増資がある。

キャッシュフロー計算書

営業活動によるキャッシュフロー	
税引前当期純利益	15,000
減価償却費	2,000
貸倒引当金の増加額	500
受取利息及び受取配当金	△ 600
支払利息	300
有価証券売却益	△ 200
有形固定資産の評価損	300
固定資産売却損	1,000
売上債権の増加額	△ 8,...
棚卸資産の増加額	...
仕入債務の増加額	2,000
小　計	12,000

利息の支払額	△ 400
法人税等の支払額	△ 4,900
営業活動によるキャッシュフロー	7,000
投資活動によるキャッシュフロー	
有価証券の取得による支出	△ 250
有価証券の売却による収入	350
有形固定資産の取得による支出	△ 9,000
有形固定資産の売却による収入	4,400
投資活動によるキャッシュフロー	△ 4,500
財務活動によるキャッシュフロー	
短期借入れによる収入	1,500
短期借入金の返済による支出	△ 1,000
長期借入れによる収入	2,000
長期借入金の返済による支出	△ 500
配当金の支払額	△ 1,500
財務活動によるキャッシュフロー	500
現金及び現金同等物の増加額	3,000
現金及び現金同等物の期首残高	42,000
現金及び現金同等物の期末残高	45,000

借入が増えているか
知るには不可欠な
ブロック

資金調達の流れがわかる「財
務キャッシュフロー」。

財務キャッシュフローの見方

プラスであってもマイナスであっても、用途やお金の
流れを読み取って、よし悪しを判断する。

**財務
キャッシュフロー
プラス**

借金が
増えている

原則よい状況とはいえない。しかし、積極的なこ
とに使うための借金ならば、悪いことではない。

**財務
キャッシュフロー
マイナス**

借金の返済が
進んでいる

一般的にはよい状況。しかし営業キャッシュフ
ローが、投資活動に回ることなく、借金の返済に
あてられていれば、返済に追われている可能性も。

プラス情報　財務キャッシュフローで最も重要なのが、借入金の増減だ。借入金には返済期間が1年以下の短
期借入金と、1年以上の長期借入金があるが、両方ともチェックが必要だ。

3つのキャッシュフローの区分から会社のタイプがわかる！

リアルな会社の姿が見えてくる！

　キャッシュフロー計算書の3つの区分について見てきましたが、**その会社のよし悪しは各区分を単独で見て判断するのではなく、トータルで見て判断することが重要です。**

　本業がうまくいっていても資金運用で失敗して傾きかけている会社や、反対に本業がうまくいってなくても資産を売って会社を維持している会社など、ひとつの区分を見るだけでは正確な判断はできません。キャッシュフロー計算書の区分を組み合わせることで、リアルな会社の姿が見えてくるのです。

　それでは、3つのキャッシュフローの結果の組み合わせがどのようになっているのがよいのかお話ししていきましょう。**3つの区分の数字がプラスなのかマイナスなのかで、「◎○△×」の4段階のタイプに分けていきます。**

キャッシュフロー計算書の判断基準

もっとも信憑性の高い実態を素直に映し出すのがキャッシュフロー計算書。決算書全体の組み合わせから、会社がどのような状況に置かれているかを読み取ることができ、近い将来の動きも推測することが可能。

キャッシュフロー計算書で会社の近い未来も見えてくる。

プラス情報　M&Aと呼ばれる会社を買収する際の評価基準として、キャッシュフロー計算書の数値は欠かせない。将来得られるキャッシュが、どれだけあるかという要素は、重要な判断材料になるためだ。

決算書の
ココを見る！

まずは「営業活動によるキャッシュフロー」に着目

キャッシュフロー計算書	
仕入債務の増加額	
小　計	12,000
利息及び配当金の受取額	300
利息の支払額	△ 400
法人税等の支払額	△ 4,900
営業活動によるキャッシュフロー	7,000
投資活動によるキャッシュフロー	
有価証券の取得による支出	△ 250
有価証券の売却による収入	350
有形固定資産の取得による支出	△ 9,000
有形固定資産の売却による収入	4,400
投資活動によるキャッシュフロー	△ 4,500
財務活動によるキャッシュフロー	
短期借入れによる収入	1,500
短期借入金の返済による支出	△ 1,000
長期借入れによる収入	2,000
長期借入金の返済による支出	△ 500
配当金の支払額	△ 1,500
財務活動によるキャッシュフロー	500
現金及び現金同等物の増加額	3,000

3つの区分のプラス・マイナスがポイントになる。

誰もがうらやむ優等生的な◎タイプ

営業キャッシュフロー
＋
投資キャッシュフロー
－
財務キャッシュフロー
－

　営業キャッシュフローがプラスということは、本来の商売でしっかりとお金を稼いでいるということです。その上で、投資キャッシュフローがマイナスということは、本業で得た資金を将来のための設備投資に回すことができている証です。財務キャッシュフローのマイナスは、余ったお金で借金の返済も行っていることを示し、会社にとってもっとも望ましいタイプといえます。人物でいえば、まさに、超優等生といえます。**単年度だけでなく、数年間この状況が続くことが大事で**、そうであれば、ちょっとやそっとではぐらつくことのない会社だといえるでしょう。

プラス情報　キャッシュフロー計算書は、1年間分だけ見ても正確な判断はむずかしい。数年間分を時系列で見ることによって、資金を効率的に使っているかが、より一層明確になってくる。

及第点レベルといえる〇タイプ

営業キャッシュフロー
＋
投資キャッシュフロー
－
財務キャッシュフロー
＋

　このタイプは、本業ではしっかり稼げており、本業で儲けたお金を設備投資に回すこともできています。ただし、営業活動から得られたキャッシュだけでは足りず、借入れして設備投資を行っている状態です。しかし、**資金調達の理由が設備投資に必要ということであれば、将来を見据えた積極的な借入れといえるので、会社の状態としては問題ありません。**

　あと、下のようなタイプも本業が稼げているので〇タイプといえます。

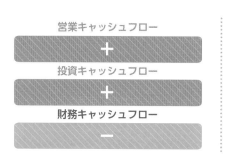

営業キャッシュフロー
＋
投資キャッシュフロー
＋
財務キャッシュフロー
－

営業キャッシュフロー
＋
投資キャッシュフロー
＋
財務キャッシュフロー
＋

ちょっと注意が必要な△タイプ

営業キャッシュフロー
－
投資キャッシュフロー
＋
財務キャッシュフロー
＋

営業キャッシュフロー
－
投資キャッシュフロー
－
財務キャッシュフロー
＋

108　プラス情報　営業キャッシュフローで生じたお金を配当金や自社株の償却財源として多く回し、株式価値を増大させている会社は、株主重視の経営をしているといえる。

いずれも営業キャッシュフローがマイナスという時点でよくありません。左側のタイプは本業がうまくいっておらず、**資産を切り売りしたり、借金をしたりして、かろうじて存続している状態**と考えられます。

　右側のタイプは、本業がうまくいっていないので、借入れを行って新規事業などに投資していることがうかがえます。新規事業が順調にいけばよいですが、**思惑が外れると一気に倒産という危険性も秘めています。**

　これよりもさらに危険度が増しているのが、以下のタイプです。

営業キャッシュフロー

−

投資キャッシュフロー

＋

財務キャッシュフロー

−

　この状態では、もう銀行がお金を貸してくれないので、**資産を切り売りして本業での支払いや借金の返済に回していることになります。**

まさしく倒産直前の× タイプ

営業キャッシュフロー

−

投資キャッシュフロー

± 0

財務キャッシュフロー

−

　営業活動でも出て行くお金の方が大きく、銀行への借入金の返済も迫られています。そして投資活動が±０なので、もう切り売りする資産もなくなってしまったことを意味しています。このケースでは、**手もとの現金がなくなってしまった段階で倒産ということになります。**

用語解説　*新規事業＝会社が従来は手がけていなかった事業分野に新たに参入すること。技術革新による新商品の開発、新しいビジネスモデルの構築、規模の小さなニッチ市場への進出などがある。

よい会社はもっている「フリーキャッシュフロー」

自由に使えるお金がフリーキャッシュフロー

キャッシュフロー計算書を見るときの大事なポイントのひとつが、フリーキャッシュフローです。**フリーキャッシュフローとは、「フリー」という文字が意味するように、会社が自由に使えるお金になります。**

仮に財布に現金を10万円入れている人であっても、実はそのうちのほとんどは消費者金融などからの借入れであったとしたらどうでしょう。自分で稼いだお金を10万円もっている人の方が、圧倒的に「自由」に使えるお金があるといえます。

キャッシュフロー計算書の最終の行に記入される「期末残高」も大事ですが、そこには借入れてきた現金も含まれています。したがって、**フリーキャッシュフローを見るためには、そこから借入れたお金を除く必要があり、さらに今の事業を維持するための資金をのぞかなければなりません。**

フリーキャッシュフローがプラスなら優良

フリーキャッシュフローは、設備投資や、企業買収、配当の支払い、財務状況を改善するための費用など、おもに会社の成長・利益のために使われることになります。つまり、**どれだけ会社が優良であるかをはかる目安となる**ものなのです。フリーキャッシュフローは、マイナスよりもプラスの方がよいことはいうまでもありません。しかも、**できるだけプラスが大きい方が優良な会社である**といえます。

プラス情報　フリーキャッシュフローは、本業で稼いだ営業キャッシュフローを、設備投資などの投資キャッシュフローに使っても、まだ余ったお金のことであり、すなわち会社の投資の健全性も意味する。

決算書の
ココを見る！

キャッシュフロー計算書

営業活動によるキャッシュフロー	
税引前当期純利益	
減価償却費	2,000
貸倒引当金の増加額	500
受取利息及び受取配当金	
支払利息	300
有価証券評価損	△ 200
固定資産売却損	300
売上債権の増加額	1,000
棚卸資産の増加額	△ 8,000
仕入債務の増加額	△ 500
小　計	2,000
利息及び配当金の受取額	12,000
利息の支払額	300
法人税等の支払額	△ 400
営業活動によるキャッシュフロー	△ 4,900
投資活動によるキャッシュフロー	7,000
有価証券の取得による支出	△ 250
有価証券の売却による収入	350
有形固定資産の取得による支出	△ 9,000
有形固定資産の売却による収入	4,400
投資活動によるキャッシュフロー	△ 4,500
財務活動によるキャッシュフロー	

優良な会社かどうかを見る重要な着眼点がフリー CF だ。

	C／F
受取利息及び受取配当金	400
支払利息	300
有価証券売却益	△ 200
有価証券評価損	300
固定資産売却損	
売上債権の増加額	
棚卸資産の増加額	
仕入債務の増加額	
小　計	
利息及び配当金の受取額	
利息の支払額	△ 400
法人税等の支払額	△ 4,900
営業活動によるキャッシュフロー	7,000
投資活動によるキャッシュフロー	
有価証券の取得による支出	△ 250
有価証券の売却による収入	350
有形固定資産の取得による支出	△ 9,000
有形固定資産の売却による収入	4,400
投資活動によるキャッシュフロー	△ 4,500

営業キャッシュフローに投資キャッシュフローを加算すると「フリーキャッシュフロー」がわかる

フリーキャッシュフローの求め方

フリーキャッシュフローの求め方はいくつかあるが、営業キャッシュフローに投資キャッシュフロー（➡ P102）を足すことで、簡易的に計算することができる。投資キャッシュフローは今の事業を維持するためのものに限定される。

営業キャッシュフロー ＋ 投資キャッシュフロー ＝ フリーキャッシュフロー

●設備投資（現状維持のための最低限のもの）
●配当金（業績に左右されないもの）
●有価証券投資（事業の維持に必要な投資）

計算例　上のキャッシュフロー計算書の数値を使ってフリーキャッシュフローを求める。投資キャッシュフローは、現在の事業を維持するための投資であるとする。

営業CF 700万円 ＋ 投資CF △450万円 ＝ フリーキャッシュフロー **250万円**

優良な会社であれば投資CFはマイナスになる

プラス情報　フリーキャッシュフローは、キャッシュフロー計算書で代表的な経営指標であるが、キャッシュフロー計算書は導入から年月が経っていないため、経営分析での活用においてまだ開発途上といえる。

フリーキャッシュフローがマイナスの場合

フリーキャッシュフローのマイナスは、まさしく手もとにお金がないことをあらわします。借入れや、会社の資産を取り崩して会社を運営していくしかなく、この状態が続くことはとても危険です。

ただし、単純にマイナスだからダメともいい切れません。事業を成長させていく上での設備投資をすれば、フリーキャッシュフローがマイナスになるタイミングもあります。その場合、ゆくゆくはフリーキャッシュフローがプラスへと転じる可能性が高くなります。

したがって、**ずっとフリーキャッシュフローがマイナスなのか、ある時期からマイナスに転じたのかを見極めて、その原因を探ることでより正確な判断が行えます。**会社の成長段階でも、どれだけフリーキャッシュフローを重視すべきかは異なるので、中長期的な視点も大事であると思っておきましょう。

どう使うかで経営方針が見えてくる

フリーキャッシュフローは、何にでも使えるお金です。**何に使っているかで会社の経営方針が見えてくる**ものです。

大きくは、手もとに残すか、それとも何かに使うかという2つに分けられますが、これを手もとに残すということは、何か起こった際に備える意味でも重要です。会社で事業を続けていく上では、商品に欠陥が見つかって回収騒ぎになったり、市場環境が悪化して売上が減少したりと、さまざまな予期せぬ事態が起こりうるものです。資金を投下することで利益を生み出していくのが会社の使命でもありますが、守りの経営として大事な考え方でもあるでしょう。

お金を使う場合であれば、フリーキャッシュフローによる**新規の設備投資で新しい市場に参入したり、新商品を開発したりして、グングン会社を成長させていくことが考えられます。**まさに、王道の攻めの経営スタイルといえます。

 フリーキャッシュフローがマイナスになる会社は、本業の儲けである営業キャッシュフローが少ないか、設備投資の増加が原因。不況時はマイナスへと転じやすい。

また、お金を使う場合であっても、借入金を前倒しで返済したり、自社株を買い取ったりと、**財務状況を改善する方法**もあります。

会社の成長過程でのフリーキャッシュフロー	フリーキャッシュフローは、会社の成長段階で判断が異なってくる。
成長過程にある会社	設備投資も増えるため、営業キャッシュフローの範囲で投資することはむずかしく、フリーキャッシュフローがマイナスになっても仕方がないと考えられる。
安定した成熟期にある会社	営業キャッシュフローに見合った余裕のある投資を行うため、フリーキャッシュフローはプラスとなるのが当然と判断される。

アマゾンもフリーキャッシュフローを重視

ネット販売大手のアマゾンは、フリーキャッシュフローを経営の最重要課題にすると掲げています。実際、フリーキャッシュフローを毎年積み上げており、それでもビジネスを飛躍的に拡大してきました。このことは、**儲けたお金の範囲内でビジネスを拡大してきたということを意味し、まさに模範的な経営を行っている**といえます。

そのアマゾンも2010年以降は、フリーキャッシュフローを減少させました。IT投資の拡大で市場の先取りをするのが目的であり、リスクを背負うことは承知で攻めの経営に転じたことが見てとれます。

| フリーキャッシュフローの使い方 | どのようにフリーキャッシュフローを使うかで、会社の将来像を予測することができる。 |

フリーキャッシュフロー

お金を残す
- ●不測の事態に備える。
- ●将来の投資のために備える。
- ●市場環境の悪化に備える。

お金を使う
- ●積極的な設備投資。
- ●企業買収（M&A）。
- ●財務の強化（借入金返済）。
- ●株主還元（特別配当、自社株買い取り）。

プラス情報　会社の安全性を確保し、成長を遂げるためキャッシュフローを重視するキャッシュフロー経営はアメリカなどでは一般的であり、国内でもキャッシュフロー経営を掲げる会社が増えている。

どっちがどっち？ A社 B社 比べてわかる！

キャッシュフロー計算書①

Q お金を生み出す能力が高いのは
オービック？ それともフリー？

（単位：百万円）

営業活動によるキャッシュフロー	オービック	フリー
税引前当期純利益（損失）	47,905	△ 2,964
減価償却費	907	179
持分法による投資損益	△ 3,455	-
投資有価証券評価損益	376	29
償却債権取立益	△ 2,498	-
売上債権の増減額	△ 484	△ 135
その他	101	1,520
小計	42,852	△ 1,371
利息及び配当金の受取額	1,932	0
法人税等の支払額	△ 12,786	△ 8
営業活動によるキャッシュフロー	31,999	△ 1,380
投資活動によるキャッシュフロー		
有形固定資産の取得による支出	△ 12,490	△ 218
投資有価証券の売却による収入	200	-
無形固定資産の取得による支出	△ 39	△ 505
償却債権の回収による収入	2,498	-
その他	593	△ 583
投資活動によるキャッシュフロー	△ 9,238	△ 1,306
財務活動によるキャッシュフロー		
配当金の支払額	△ 13,120	-
株式発行による収入	-	12,186
その他	△ 0	△ 216
財務活動によるキャッシュフロー	△ 13,120	11,970
現金及び現金同等物の増減額	9,640	9,283
現金及び現金同等物の期首残高	119,972	5,852
現金及び現金同等物の期末残高	129,612	15,136

オービックが2020年3月末、フリーが2020年6月末までの連結ベースの1年間の決算

※フリーの数字は百万円以下を切り捨て

ヒント　商品やサービスを
より多く売っていることが第一！

営業活動でしっかりと資金を稼いでいる？

　今回の比較は、決算書にも関係の深い会計ソフトを扱っている会社です。1つ目は会計ソフトを代表すると言っても過言ではない「勘定奉行」を扱っているオービックです。

　それに対してもう1社は、ここ数年でクラウド会計を武器に急成長を遂げた「freee」を扱っているフリーです。勘定奉行のオービックが安定した大企業であるのに対して、freeeのフリーは成長途上にある会社です。企業規模は異なりますが、現在の立ち位置がキャッシュフロー計算書によって、見事に表現されています。

見るべきポイント！

（単位：百万円）

	オービック	フリー株式会社
営業活動によるキャッシュフロー	31,999	△ 1,380
投資活動によるキャッシュフロー	△ 9,238	△ 1,306
財務活動によるキャッシュフロー	△ 13,120	11,970

フリーは成長途上でもあるので、営業活動によるキャッシュフローはマイナスだが、投資活動も積極的に行っている。

財務活動は株式発行でプラスになっているね

　オービックは営業活動でしっかりと資金を稼いでいて、さらに投資活動も行っているので、上記には詳細に記載していませんが、目立った借入れもなく財務活動も配当のみとなっています。

　そのため、現時点でお金を生み出す能力の高い会社はというと、オービックに軍配は上がります。ただ、フリーも、**キャッシュフロー計算書の投資活動によるキャッシュフローの金額などから、成長段階にあるということが見てとれる**ので、これから数年先には大きく変貌を遂げている可能性があります。

答 オービック

キャッシュフロー計算書②

Q 自由に使えるお金が多いのは キリンビール？ それともアサヒビール？

（単位：百万円）

営業活動によるキャッシュフロー	キリンホールディングス	アサヒホールディングス
税引前当期純利益	124,550	125,399
減価償却費及び償却費	82,109	123,277
受取利息及び受取配当金	△ 2,752	△ 3,536
持分法による投資損益	△ 24,752	△ 285
営業債権の増減益	3,781	48,666
棚卸資産の増減額	△ 6,081	3,306
その他	25,945	40,155
小計	202,800	336,982
利息及び配当金の受取額	21,470	4,182
利息の支払額	△ 4,791	△ 10,049
法人税等の支払額	△ 54,641	△ 55,256
営業活動によるキャッシュフロー	164,839	275,859
投資活動によるキャッシュフロー		
有形固定資産・無形資産の取得による支出	△ 93,026	△ 90,743
有形固定資産の売却による収入	2,083	12,095
子会社株式等の取得による支出	△ 39,628	△ 1,165,974
その他	14,590	1,250
投資活動によるキャッシュフロー	△ 115,981	△ 1,243,372
財務活動によるキャッシュフロー		
配当金の支払額	△ 55,326	△ 46,265
社債の発行による収入	60,000	607,600
その他	△ 57,148	395,424
財務活動によるキャッシュフロー	△ 52,474	956,759
現金及び現金同等物に係る為替変動による影響	△ 388	10,725
現金及び現金同等物の増減額	△ 4,004	△ 29
現金及び現金同等物の期首残高	165,671	48,489
現金及び現金同等物の期末残高	161,667	48,460

ともに2020年12月末までの1年間の連結ベースの決算

ヒント 投資という視点で2つの キャッシュフローの数値を比べてみよう

投資活動CFの区分を詳細に見る

　自由に使えるお金の多い会社は、フリーキャッシュフローからわかります。つまり、**キャッシュフロー計算書の営業活動によるキャッシュフローと、投資活動によるキャッシュ・フローの合計を比較するのです。**

　比較は、ビール業界の永遠のライバルともいえるキリンビール（キリンホールディングス）とアサヒビール（アサヒホールディングス）で行います。両社とも日本を代表する会社といえるほど有名ですね。

見るべきポイント！

（単位：百万円）

	キリンホールディングス	アサヒホールディングス
営業活動によるキャッシュフロー	164,839	275,859
投資活動によるキャッシュフロー	△ 115,981	△ 1,243,372
（合計）フリーキャッシュフロー	48,858	△ 967,513

売上高は両社とも2兆円前後で大きな違いはないが、フリーキャッシュフローでは大きな違いがある。

キャッシュフロー計算書で成長性もわかるんだね

　比較してわかることは、**アサヒホールディングスの投資活動によるキャッシュフローの大きなマイナスがとても目立ちます。**アサヒホールディングスのキャッシュフロー計算書で、投資活動によるキャッシュフローの区分を詳細に見てみると、「子会社株式等の取得による支出」として、△ 1,165,974百万円の計上があるので、これが原因だと言えます。具体的には海外における子会社株式を取得したことにより、多額の資金が流出したと思われます。

　以上より、比較した会計期間においては、自由に使えるお金を多く作り出したのは、キリンホールディングスのほうだといえます。しかし今後は、アサヒホールディングスの投資の効果があらわれてくるかもしれませんし、引き続き、両社の決算書は注目に値するものだと思います。

答 **キリンビール（キリンホールディングス）**

簿記と会計の
蜜月のカンケイ!

「会計」と「簿記」の違いって何?

「簿記」と「会計」と聞いて、どんな関係をイメージするでしょうか? 何となくイメージはできても、うまく言葉でいいあらわすことができない人は意外に多いと思います。

「会計」とは、一般的には企業で行われる事業活動をお金の観点であらわしたものであり、ルールが事細かに定められています。その最終目的が会社の業績をあらわした決算書ということになるわけで、決算書を読むための知識は、会計の知識に分類されることになります。

決算書についての書籍である本書も、ジャンルごとにラインナップを豊富にそろえている規模の大きな書店ならば、会計本のコーナーに置かれることになり、簿記のコーナーに置かれることはないはずです。

「会計」も「簿記」もゴールは決算書

一方、「簿記」は、この決算書を作成するための実務的な知識ということになります。決算書をつくるには、会社の日々の事業活動をすべて記録していかなければなりません。それらを会計ルールのもとに行うのが簿記なのです。

事業活動では、モノを仕入れて、販売して…とさまざまな取引があります。さらに、銀行からお金を借りたり、利息を払ったり、従業員に給料や交通費を支払ったり…と、1年間で考えるとものすごいお金の出入りがあるわけです。これらを仕訳という形でひとつずつ帳簿にまとめていき、集計して決算書を完成させる流れが簿記の役割です。

したがって、アプローチや学ぶべき知識はだいぶ違ってきますが、会計と簿記は決算書という共通のものを扱うわけであり、お互い切っても切り離すことはできない関係にあるといえます。

第4章

“ギモン”から決算書を読み解く!

「利益・資産・
負債編」

決算書の利益と資産、負債の面から、
会社の置かれている状況を探ってみましょう。
わからなかった会社の実像が浮かんできます。

導入

利益・資産・負債で「会社の今の姿」がわかる！

会社の決算書があらわすのは「会社の今の姿」

これまで見てきたように、貸借対照表や損益計算書には利益や資産や負債が記載されているので、これら**決算書は最新の「会社の今の姿」をあらわしている**ことになります。

例えば、銀行が会社にお金を貸すかどうかを判断するのであれば、「会社の今の姿」を知ることが大前提です。会社の状態がよくなければ、貸したお金が返ってこない可能性があるから当然ですよね。なので銀行は、会社が融資を申し込んできたら、**必ず直近の貸借対照表や損益計算書の提出を求めます。**「会社の今の姿」を知ることによって、お金を貸しても大丈夫か、いくらまでなら貸しても大丈夫かと判断するのです。

銀行が融資時に求める書類の例

銀行は、決算書で会社の今の姿を知るため、以下のような書類を確認する。

- 借入申請書
- 決算書（2期分）
- 印鑑証明書（発行後3か月以内の原本）
- 商業登記簿謄本（発行後3か月以内の原本）

会社の事業活動では不可欠な「会社の今の姿」

将来性のある有望なベンチャー企業などであれば、融資の判断材料として「会社の今の姿」にプラスして将来性なども加味されることになる

でしょうが、一般的な会社であれば「会社の今の姿」に応じて銀行は融資の判断を行うものです。

また、**会社同士が新規の取引を行う際にも、相手から直近の貸借対照表や損益計算書の提出を求められる**ことがあります。このことを「与信管理」と言いますが、この会社と取引をしても大丈夫か？ ちゃんと代金を払えるだけの財務状況を備えているかについてを、貸借対照表や損益計算書から読み取って、「会社の今の姿」を評価するわけです。

税務署が会社の納める税金が正しいかどうかを調査するときにも、会社の「今の姿」が必要です。なぜならば、**会社にかかってくる法人税等は、第1章で見てきたように会社が1年間に稼いだ利益にかかってくるもの**だからです。税金は「会社の今の姿」、具体的には今の利益にもとづいて計算されるものなので、「会社の今の姿」をあらわした直近の貸借対照表や損益計算書が欠かせないのです。

 ## 「会社の今の姿」を知るための要素

そのためこの章では、「会社の今の姿」を知るための要素を見ていきます。売上高、当期純利益、経費、税金などについて理解し、それらの数字が多かったり、少なかったりすることが、どんな意味を持つのかについて学んでいきましょう。

｜「会社の今の姿」をあらわす指標　会社の利益・資産・負債をさらに深読みすることで、より会社の実態が浮かび上がってくる。

・売上高と利益の関係
・利益の使い道
・現金が少なくても大丈夫か
・固定資産の増加はその内容が重要
・借金が多いのは悪いこと？　など

会社の 規模 が見えてくる！

「売上高」がすごく多いのはどんな会社だといえるの？

P/L 損益計算書
自○○年4月1日 至○○年3月31日 （単位：千円）

同業他社と比較して、「売上高」がとても大きいケース

売上高		10,000,000
売上原価		
期首商品棚卸高		
当期商品仕入高		
合　計		
期末商品棚卸高		6,000,000
売上総利益		4,000,000
販売費及び一般管理費		
給料	400,000	
支払家賃	300,000	
減価償却費	200,000	
貸倒引当金繰入	100,000	1,000,000
営業利益		3,000,000
営業外収益		
受取利息	90,000	

売上が多いからといって経営が順調とは限らないが、規模の目安にはなる。

日本一大きい会社はやっぱり…

　日本で一番大きな会社はどこだと思いますか？　有名企業を思い浮かべてみてください。NTT、ソフトバンク、ソニー、パナソニックなど、いろいろな会社が出てくるかとは思いますが、正解はトヨタ自動車です！

　決算書に登場する会社の規模をはかる指標といえば、損益計算書の「売上高」が代表的なものでしょう。加えて本業の儲けをあらわす「営業利益」、会社のもつ総資産といったところがおもなものです。

　トヨタ自動車は、これらのどれをとっても日本で一番大きい数字が決

プラス情報　会社は大企業、中小企業に二分することもできる。この基準は法律等に応じて異なる。税法上だと、資本金が1億円超か1億円以下かがボーダーラインになる。

算書にのっています。売上高でいえば27兆円をはるかに超えており、営業利益は約2兆円超、総資産は62兆円におよびます（2021年）。総資産62兆円という額は、なんと日本の国家予算である一般会計の半分以上というものすごい数字です。そう考えると、日本一大きな会社がトヨタであるということは揺るぎようのない事実といえます。

 ## 会社の大きさを何ではかるかが問題

では、第2位となると、話しはカンタンではなさそうです。なぜなら、**どの金額を基準にするかによって第2位は変わってしまうからです。** 売上高だけならばホンダ（本田技研工業）、営業利益だとNTT、総資産だと一般的な会社としてはソフトバンクということになります。

つまり何を基準にするかによって、順位は異なるわけです。会社員の能力でも、営業成績はAさんが1位だけど、事務処理能力はBさんにかなう奴はいない…といったことと同じです。

つまり、**会社の大きさを判断したいのであれば、先ほどの値を総合的に見て判断するか、あるいは目的に応じた個別の値を基準にします。** すなわち、商品をたくさん売っているという意味で大きな会社を知りたければ売上高を指標とし、本業でたくさん稼いでいるかを重視するのであれば営業利益を、資産を持っているかということであれば総資産を指標とすればよいのです。

会社の大きさが判断できる時価総額

売上高のほかに、株式の時価総額も会社の大きさをはかる際によく用いられる。時価総額は現時点の株価に発行済株式総数をかけた値を指す。

株価 × 発行済株式総数 ＝ 時価総額

 プラス情報 会社の大きさを比べる際は、純資産も用いられる。会計上の数値以外では、従業員数や子会社・関連会社の数で判断することもある。また、同業種の会社と比較することも大事。

「当期純利益」がプラスなら いい会社だといえる？

損益計算書
自○年4月1日 至○年3月31日 (単位：千円)

売上高		1,000,000
売上原価		
期首商品棚卸高	200,000	
当期商品仕入高	500,000	
合　計	700,000	
期末商品棚卸高	100,000	600,000
売上総利益		400,000
販売費及び一般管理費		
支払家賃	30,000	
減価償却費	20,000	
貸倒引当金繰入	10,000	100,000
営業利益		300,000
営業外収益		
受取利息	9,000	
有価証券利息	7,000	
有価証券売却益	6,000	
受取配当金	8,000	30,000
営業外費用		
支払利息	71,000	
社債利息	3,000	
有価証券評価損	2,000	
雑損	4,000	80,000
経常利益		250,000
特別利益		
固定資産売却益		50,000
特別損失		
火災損失		100,000
税引前当期純利益		200,000
法人税等		80,000
当期純利益		120,000

会社の状況は、すべての利益をトータルで見たときにはじめて見えてくる。

「当期純利益」までの利益が少しずつ減少している

P/L

売上原価		
期首商品棚卸高		
当期商品仕入高		
合　計		
期末商品棚卸高	100,000	600,000
売上総利益		400,000
販売費及び一般管理費		
貸倒引当金繰入	10,000	100,000
営業利益		300,000
営業外収益		
経常利益		250,000
特別利益		
固定資産売却益		50,000
特別損失		
火災損失		100,000
税引前当期純利益		200,000
法人税等		80,000
当期純利益		120,000

正統派の利益パターン

　会社の最終的な利益は「当期純利益」ですが、当期純利益がプラスになっていれば手放しでほめられるというわけではありません。その会社が置かれている状況は、**当期純利益だけで判断するのではなく、「売上総利益」「営業利益」「経常利益」「税引前当期純利益」「当期純利益」の5つの利益（→P26）のバランスから判断する必要があります。**損益計算書では、上から順に売上総利益、営業利益、経常利益、税引前当期純利益、当期純利益となっており、それを図であらわすと次のようになります。

プラス情報　どんな観点で会社を判断するかで重視すべき利益は変わってくるが、一般的に経常利益を重視する傾向にある。なお、国際標準の利益についての決算書では経常利益という概念はない。

上の図のような利益バランスは、最も理想的といえます。売上総利益に比べて営業利益がグンと少なくなるのは、金額の大きな「販売費及び一般管理費」が引かれているためであり、何の問題もありません。

税引前当期純利益から当期純利益へも、税引前当期純利益をベースに法人税等が計算され、それを引いて当期純利益が計算されるので、一定割合減少するのはあたり前のことです。営業利益から税引前当期純利益までは徐々に利益が減少していますが、**基本的には営業利益から当期純利益までは、あまり変化せず推移するのが理想的です。**

借金依存体質の利益パターン

今度は、問題を抱えているタイプの利益パターンをいくつか紹介しましょう。まずは、借金依存体質の会社の利益パターンです。

特徴は、営業利益に比べて経常利益がグンと少なくなっている点です。これは「営業外費用」が多額に計上されていることが原因です。**営業外費用のおもな項目は支払利息なので、このような利益パターンになっている会社は、借金が多すぎることが考えられます。**

借金依存体質の代表的な組織は日本だ。2015年度の政府予算案では、一般会計の歳出約96兆に対して、国債の新規発行は約36兆。約4割は借金でまかなわれている計算になる。

借金が多い会社では、稼ぎ出したお金のほとんどを借金の返済や利息の支払いに充てなければならないので、新規の投資が行えません。稼げているうちに借金依存体質を抜け出すことができればよいですが、このままでは近い将来会社が傾いてしまう可能性もあります。

また、**この利益パターンで考えられるもうひとつのケースは、資金運用の失敗です。**営業外費用には、株式などの評価損や売却損が計上されるので、資金運用で大きな損失を出してしまった可能性があります。このような場合、会社として資金運用のあり方を見直せば、同様の損失を出すことはないでしょう。

つじつま合わせの利益パターン

次に、つじつま合わせに利益を出しているパターンを見てみましょう。

特徴は、営業利益が少なく、経常利益の段階では赤字になっているにもかかわらず、税引前当期純利益ではプラスになっているケースで、特に注意が必要です。というのは、最終利益である当期純利益はプラスなので、そこだけを見て判断すると、この会社は大丈夫ということになってしまうからです。実際は営業利益が少なく、経常利益では赤字になっているので（経常損失）、この会社は決して健全とはいえません。

なぜ、**経常利益の段階で赤字だったものが当期純利益ではプラスに転じたのかというと、多額の特別利益を計上しているからです。**特別利益には、臨時的な収益が計上され、おもに固定資産売却益などがあります。つまり、経営者が当期純利益をプラスにしたいと思い、**会社の土地などの固定資産を売却して、当期純利益をプラスにしたと考えられます。**

2008年のリーマンショックでは、多くの会社や組織が資金運用で損失を出した。意外なところでは、慶應義塾大学が225億円の損失を計上するなど、多くの私立大学も影響を受けた。

経営者が利益を操作する理由

[大企業]

[中小企業]

当期純利益だけで会社のよし悪しを判断すると、小手先の操作にだまされる可能性もある。途中の利益もしっかりと見て判断することが大事である。

大企業の経営者は、株価への影響や投資家からの評価の手前、赤字にしたくない。

中小企業の経営者は、赤字を出して銀行などの金融機関に対する信用を失いたくない。

出直し必須の利益パターン

最後に、儲けを出すしくみがつくられていない利益パターンを見ていきましょう。

営業利益の段階からすでに損失になっているので、商売の体をなしていないと思われます。**儲けを出すしくみができていないということは、会社を立ち上げてまもないか、もしくは会社の末期であると思われます。**

また、営業損失を上回る経常損失となっているので借金も多く、利息の負担が重くなっていることも読み取れます。資金繰りも苦しいはずなので、早期の借金の返済もむずかしいと思いますが、このままではたとえ営業利益がトントン（プラスマイナス0になること）か、少々プラスになったとしても、利息の負担により、経常利益や当期純利益をプラスにすることはむずかしいでしょう。

このような状況からふつうに利益の出る体質にもっていくのは、至難のワザです。いったん会社を清算[*]して、再起を期す方が賢明なケースといえます。

 用語解説 [*]清算＝会社が解散や破産などで活動を終了する際に、それまでの債権債務を解消し、余った財産を分配することをいう。清算は、法律の手続きにのっとって行われる。

4-3

会社の 継続性 が見えてくる！

「経費」が異様に多いのは どういう状態なの？

損益計算書の「販売費及び一般管理費」が、いわゆる経費に該当するものとなる。

損益計算書 P/L

自○○年4月1日 至○○年3月31日　（単位：千円）

売上高		1,000,000
売上原価		
期首商品棚卸高		
当期商品仕入高		
合　　計		
期末商品棚卸高		600,000
売上総利益		400,000
販売費及び一般管理費		
給料	800,000	
支払家賃	500,000	
減価償却費	100,000	
貸倒引当金繰入	100,000	1,500,000
営業損失		−1,100,000
営業外収益		
受取利息	9,000	

> 売上や売上総利益に対して「経費」が異様に多い！

創業まもないのならばしかたがないが…

　ふつう会社を立ち上げて1年くらいは、売上がなかなか増えず経営は厳しいものです。売上が少なければ売上原価もそれに比例して少なくなるため、売上総利益はマイナスになることはありません。しかし、実質的な経費といえる給料や家賃の支払いといった「販売費及び一般管理費」は、売上があろうがなかろうが一定の額で発生するので、**「売上総利益」よりも「販売費及び一般管理費」が大きくなれば、「営業利益」は上の損益計算書のようにマイナスになってしまいます。**

　もしも、会社を立ち上げたばかりであるならば、創業から2年、3年

プラス情報　経費である「販売費及び一般管理費」のなかで、給料以外では、家賃の支払いも一般的に金額が大きくなる項目。また、製造業であれば工場や機械が必要となるので、減価償却費が大きくなる。

と年月を経ることで売上が増加し、売上に占める経費が多すぎるという状態は自ずと改善していきます。しかし、会社立ち上げ時ではないにもかかわらず、損益計算書がこのような状況になっていたら要注意です。儲けるしくみができていない、あるいはしくみが崩れてしまっていることが考えられます。いずれにしても、**すでに会社の体をなしていないわけで、この状態が数年続けば倒産する可能性が高いです。**

あとどれくらい会社がもつかを計算！

　取引先の決算書で、売上に占める経費が異常に多い状況になっていたら、すぐに過去数年分の決算書を取り寄せて、何年この状況が続いているのかを確認すべきです。同時に、**最新の貸借対照表から現金やすぐに換金できる資産を調べて、その会社がどのくらいの期間までもつかを判断しましょう。**

| **経費が大きくなるおもな原因** | 給料の水準が高すぎる | 従業員の人数が多すぎる |

経費で一番大きな比重を占めるのは一般的に給料である。売上を獲得するには従業員の活躍は不可欠だが、売上と給料のバランスをうまく保つことが重要となる。

業種別・売上高に対する販管費の割合

経費である「販売費及び一般管理費」（販管費）の売上高に占める平均的な割合は、業種で異なる。

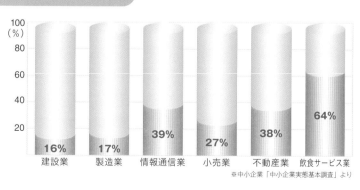

建設業	製造業	情報通信業	小売業	不動産業	飲食サービス業
16%	17%	39%	27%	38%	64%

※中小企業「中小企業実態基本調査」より

プラス情報　「販売費及び一般管理費」が多くても、減価償却費が占める割合が多い場合は、ほかの項目が多い場合と比べて倒産リスクは下がる。その理由は、計上したときに現金が出て行かないためだ。

4-4 会社の 利益への姿勢 が見えてくる！

「売上高」は多いけど「利益」が出ていない？

利益が出ていなければ、収益構造のどこかに問題があると考えるべき。

損益計算書 PL

自○○年4月1日　至○○年3月31日　（単位：千円）

売上高		1,000,000
売上原価		
期首商品棚卸高		
当期商品仕入高		
合　　計		
期末商品棚卸高	300,000	900,000
売上総利益		100,000
販売費及び一般管理費		
給料	50,000	
支払家賃	40,000	
減価償却費	7,000	
貸倒引当金繰入	2,000	99,000
営業利益		1,000
営業外収益		
受取利息	9,000	

「売上高」に比べて「売上総利益」が異常に少ない…

無駄な残業が利益を減らす

　「貧乏暇なし」という言葉がありますが、これを会社に当てはめると、「売上高は多いけど利益が出ていない」ということになります。毎日毎日、従業員も夜遅くまで残業して頑張っており、同業他社と比べると売上高も販売数量も多いのに、なぜか本業の利益が出ない…というケースです。

　このような場合、原因は2つ考えられます。ひとつ目の原因は、前のテーマでも述べた**人件費がかかりすぎているケースです。**

　もしかすると、従業員のみなさんが残業して頑張って売上高や売上総利益を増やしても、残業による給料の増加の方が上回ってしまっている

のかもしれません。

> 残業による売上総利益の増加 ＜ 残業による給料の増加

この場合、残業をしない方が、よっぽど営業利益が残ることになります。小売店で営業時間を延ばしたにもかかわらず、結局、もとの営業時間に戻すのも、コストに見合わないこのケースになります。

 ## 「売上総利益」そのものが少ない

もうひとつの原因は、「**売上総利益**」**そのものが少ないケースです。**もしも、売上総利益が少ないと感じたら、**同業他社の売上高総利益率*と比較してみるとよいでしょう。**同業他社の売上高総利益率より明らかに低いようであれば、以下の点をチェックすることで、会社の利益に対する姿勢が見えてきます。

売上高総利益率が低いときのチェック項目

 利益が出ていないときは、理由として次の①〜③の項目を疑ってみよう。

売上高総利益率が低い

①**過度な安売り**をしていないか？

②**適正な金額で仕入**が行えているか？

③**在庫管理**がきちんと行えているか？

売上高総利益率の求め方

売上高総利益率は業種で大きく変わります。日本企業の各業種の平均値は、以下の表のようになっています。

売上総利益 ÷ 売上高 ＝ 売上高総利益率

売上高総利益率の業種平均	
製造業	18.9%
卸売業	11.8%
小売業	28.2%

※「2020年経済産業省企業活動基本調査」より

 用語解説 *売上高総利益率＝商品の稼ぐ力を知ることのできる指標のこと。粗利益率とも呼ばれ、売上高に対して、売上総利益がどのぐらいの割合を占めるかをあらわしている。

利益が出ている場合、それは何に使われるの？

損益計算書
自○○年4月1日　至○○年3月31日　(単位：千円)

売上高		1,000,000
売上原価		
期首商品棚卸高	200,000	
当期商品仕入高	500,000	
合　計	700,000	
期末商品棚卸高	100,000	600,000
売上総利益		400,000
販売費及び一般管理費		
給料	40,000	
支払家賃	30,000	
減価償却費	20,000	
貸倒引当金繰入	10,000	100,000
営業利益		300,000
営業外収益		
受取利息	9,000	
有価証券利息	7,000	
有価証券売却益	6,000	
受取配当金	8,000	30,000
営業外費用		
支払利息	1,000	
社債利息	3,000	
有価証券評価損	2,000	
雑損	4,000	10,000
経常利益		320,000
特別利益		
固定資産売却益		50,000
特別損失		
火災損失		20,000
税引前当期純利益		350,000
法人税等		140,000
当期純利益		210,000

儲けた利益をどう使うかで、株主や将来への成長への考え方もわかる。

P/L

営業外収益		
受取利息	9,000	
有価証券利息	7,000	
有価証券売却益	6,000	
受取配当金	8,000	30,000
営業外費用		
支払利息	1,000	
社債利息	3,000	
有価証券評価損	2,000	
雑損	4,000	10,000
経常利益		320,000
特別利益		
固定資産売却益		50,000
特別損失		
火災損失		20,000
税引前当期純利益		350,000
法人税等		140,000
当期純利益		210,000

最終利益である「当期純利益」がちゃんとあるケース

経費と税金に使われる利益

　会社が稼ぎ出した利益が何に使われているかは、利益の種類で異なります。出発点となる売上総利益で考えれば、まずは「販売費及び一般管理費」に使われることになります。そのほかの利益についても、営業外費用や特別損失といった費用に使われていくことになります。

　また、各種費用を差し引いたあとの税引前当期純利益については、そこから税金を捻出することになります。すなわち、**最終利益までは、会社を運営するための費用と税金として使われるわけです。**

用語解説 *内部留保＝会社に蓄積される利益のこと。実際には現金・預金だけではなく、売掛金などの債権や有価証券のほか、土地、建物、機械設備といった資産の形態で存在する。

最終利益の使いみち

　気になるのは、最終利益である当期純利益がどう使われているかでしょう。これには、**配当金と内部留保（社内留保）があります。**

　株主への配当は義務ではありませんが、配当を行わないとその会社の株をもちたいと思う人が減ってしまうので配当金を払うのがふつうです。

　投資家が会社へ投資する判断基準のひとつに配当性向があります。これは、配当金を当期純利益で割ったものです。**どれだけ株主に手厚く利益を還元しているかをあらわすもので、一般的に20 〜 30％程度といわれています。**

　株主としては、たくさん配当金を払ってもらいたいところでしょうが、会社の使命は利益を再投資して成長していくことですので、中長期でみれば配当性向が高ければよいとばかりはいえません。

　内部留保は会社に残しておく分のお金であり、会社の設備投資などにも回されるものです。財務の悪化や景気の停滞に備えて、**日本の会社の内部留保は年々増加する傾向にあり、全体としては300兆円を超えています。**これは、欧米の会社と比べても極めて高い数字です。内部留保は多ければ多いほど、企業としては安定した経営が行えます。

　上の2つとは少々違いますが、利益がたくさん発生することがわかった段階で決算賞与を従業員に支給するケースもあります。販売費及び一般管理費に組み込まれるので、最終利益の数字から引かれるものではないですが、これも実質的な従業員に対する利益の配分といえます。

会社利益の使われ方　会社の利益は、おもにの4つの用途に使われる。

会社の利益

費用	売上総利益、営業利益、経常利益から引く。
税金	税引前当期純利益から引く。 （法人税、住民税、事業税の3つ）
配当	当期純利益から引く。
内部留保	当期純利益から引く。

プラス情報　内部留保のうち、法律で会社に残しておくことが義務付けられている金額が、貸借対照表の利益準備金に計上される。それ以外の内部留保は別途積立金や繰越利益剰余金に計上される。

会社の 負担と利益 が見えてくる！

「税金」の多い会社は いい会社？ 悪い会社？

			P/L
営業外収益			
受取利息		9,000	
有価証券利息		7,000	
有価証券売却益		6,000	
受取配当金		8,000	30,000
営業外費用			
支払利息		1,000	
社債利息		3,000	
有価証券評価損		2,000	
雑損		4,000	10,000
経常利益			320,000
特別利益			
固定資産売却益			50,000
特別損失			
火災損失			20,000
税引前当期純利益			350,000
法人税等			140,000
当期純利益			210,000

利益が出れば、「法人税等」は必ず発生している

損益計算書

「法人税等」は、最終利益である当期純利益を求めるため、最後に引かれる項目。

法人税が払えず倒産も！

「税金が高いなぁ〜、こんなにたくさん払っているの、ウチだけじゃないの!?」。役員会議をそーっとのぞいたら、社長と役員の間でこんな会話が聞こえてきてもおかしくありません。それだけ、法人税が会社にかける負担は少なくないといえます。

会社が納めた税金の金額は、損益計算書の「法人税等」に記載されているので、会社がいくら税金を払っているかは、そこを見れば知ることができます。法人税等は当期純利益を減らすので、利益におよぼす影響は当然あります。会社への影響ということでは、資金繰りの関係で法人

税が払えずに倒産してしまうケースもあるほどです。しかし、**黒字だから法人税が発生するのであり、その意味では払っていない会社より断然、よい会社であるといえます。** 法人税は、税引前当期純利益（より正確にいうと税引前当期純利益に税法上の調整を行って算定される課税所得）に法人税率をかけて計算します。

> ●法人税額＝税引前当期純利益（課税所得）× 法人税率

この式より、税引前当期純利益が多いか、もしくは法人税率が高ければ法人税額が多くなることがわかります。法人税率は会社の規模によって異なりますが、規模が同じ会社であれば法人税率は同じです。

ですので、**同規模の会社と比較して多くの税金を支払っていれば、それだけ利益を稼いでいることになります。**

日本の法人税率は高い？

日本の法人税率は、世界の先進国と比べて高いことで有名です。法人税率が高いと、日本から法人税の低い国に移ってしまう会社が増えてしまいます。結果として、日本の国力はどんどん落ちていってしまうことになります。会社が国際競争力を付けるためにも、高い法人税率は好ましくはありません。そこで、政府は**法人税率を徐々に引き下げる方針を打ち出しています。**

法定実効税率の国際比較 会社に課される国税・地方税の税率を合計したのが法定実効税率。表は主要国の法定実効税率。

アメリカ	27.98%
フランス	26.5%
イギリス	19.0%
日本	29.74%
ドイツ	29.93%

※ 2021年1月・財務省HPより

 消費税を負担するのは、会社ではなく最終消費者ということになる。会社は消費者から預った消費税を税務署に納めているにすぎないので、損益計算書に消費税に関する記載はない。

税効果会計でズレを調整

　法人税は、税引前当期純利益から税率で算出した金額になりますが、実際に負担するべき税金としては多すぎたり、少なすぎたりすることがあります。たとえば、ある会社の売掛金回収の見込みがなくなったので、会計上は損失として計上したとしても、税法上は倒産するまで損金[*]として計上することは認められません。このため、損失を計上した年と、倒産して損金への算入が認められた年との法人税の負担の割合が適正でなくなってしまいます。

　減価償却費についても、同様のことがいえます。決算書で計上してあったとしても、一定額以上は税制での損金にならないと定められています。

　このような**会計と税法上のルールの違い**で、**決算書の数字と負担すべき税金とにズレが生じてくるのです。**

　このズレを調整するのが税効果会計です。税効果会計は、法人税の負担割合を適切にするものであり、通期でみれば納める税金の額に変わりはありません。なので、節税につながるものではありません。

法人税等調整額は損益計算書の法人税等の下に計上される。繰延税金資産、繰延税金負債は貸借対照表のそれぞれ資産の部、負債の部に計上される。

損益計算書
自○○年4月1日　至○○年3月31日　（単位：千円）

売上高	1,000,000
売上原価	
特別損失	
火災損失	20,000
税引前当期純利益	350,000
法人税等	140,000
法人税等調整額	△ 18,000
法人税等合計	122,000
当期純利益	228,000

通常、繰延税金資産や繰延税金負債が計上されれば、法人税等調整額も計上されることになる。

貸借対照表
○○年3月31日　（単位：千円）

資　産　の　部		負　債　の　部	
		流動負債	
現金預金	500,000	支払手形	200,000
受取手形	300,000	買掛金	300,000
売掛金	400,000	未払金	40,000
有価証券	50,000	未払費用	10,000
商品	250,000	未払法人税等	50,000
繰延税金資産	20,000	流動負債合計	600,000
前払金	10,000	固定負債	
前払費用	4,000	長期借入金	700,000
貸倒引当金	△ 14,000	繰延税金負債	2,000
流動資産合計	1,500,000	社債	300,000

用語解説　[*]損金＝会社の資産の減少となる費用や損失のことで、税法上面での用語となる。法人税を計算するときにかかる課税所得を減らす効果をもたらす。

税効果会計はスタンダードに

税効果会計を採用することのメリットは、将来的な利益が出ることが前提になりますが、**年ごとの税金コストの適正化かつ平均化がはかれることです。**このメリットより、大企業を中心に税効果会計を採用するようになっています。

税効果会計を採用すると、損益計算書には法人税等調整額、貸借対照表には繰延税金資産、繰延税金負債という項目がのってきます。それぞれの項目が意味することは、次の図のようなものになります（➡下図「税効果会計導入での項目」）。税効果会計を採用していることは、会社のよし悪しにはつながりませんが、**株主などのステークスホルダーに、より正しい会社の業績を開示しているという意味で、評価すべき点でもあります。**

税効果会計導入での項目	税効果会計を導入すると、決算書には次のような項目が追加される。なお、上場企業の導入は義務となる。

損益計算書	法人税等調整額	税務上の課税所得と会計上の当期純利益との差額を調整するもの。
貸借対照表	繰延税金資産	前払いした税金が戻ってくるという前提で、払いすぎた税金相当額を資産の部に計上するもの。
	繰延税金負債	支払った税金が、本来支払う税金より少ないために、将来払わなければならない額。負債の部に計上。

税務調整の種類	税効果会計の対象となる税金のズレは、下表の一時差異のみ。永久差異については含まれない。

一時差異	何もしなくても将来、自ずと解消する会計と税務上の時間的なズレ。税務の限度額を超えた減価償却費などのように、時間が経過すればズレが解消するもの。
永久差異	何もしなければ永久に解消しない会計と税務上のズレ。たとえば、通常、交際費は損金に算入されないことが税務上定められているため、会計上費用に計上していても永久に費用に算入されない。

プラス情報　繰延税金資産を計上する際は、会社の過去の業績より将来の課税所得を見積もるが、将来、十分な当期純利益が見込めるかどうかもポイント。もしも見込めそうもなければ計上はできない。

会社の **資産価値** が見えてくる！

高額な「不動産」をもつ 会社は優良企業になるの？

商品	250,000	未払法人税等	
前払金	10,000	流動負債合計	1,000,000
前払費用	4,000	**固定負債**	
貸倒引当金	△ 14,000	長期借入金	2,000,000
流動資産合計	1,500,000	社債	1,000,000
固定資産		固定負債合計	3,000,000
有形固定資産		負債合計	4,000,000
建物	1,000,000	**純 資 産 の 部**	
減価償却累計額	△ 300,000	**株主資本**	
備品	500,000	資本金	8,700,000
減価償却累計額	△ 100,000	資本剰	
土地	10,000,000		200,000
無形固定資産			
のれん	300,000		100,000
投資その他の資産		その他利益剰余金	
子会社株式	200,000	別途積立金	60,000
長期貸付金	100,000		

「固定資産」の 土地の金額が とても大きい！

「固定資産」の価値には、買ったときの金額が計上されている点に注意。

1,000万円もの土地をもっていれば安心？

　新規の会社と取引を行うにあたっては、その会社がきちんとお金を払える能力があるかどうかが一番の気がかりな点です。たとえば、上の貸借対照表のような会社のケースです。

　現金や預金はあまり多くはないものの、土地が1,000万円計上されています。土地を1,000万円ももっているのだから、支払能力が十分にあると判断したくなりますが、答えはノーです。そのワケは、**土地の価格は時間が経てば変わる可能性があるためです。**

用語解説 ＊取得原価主義会計＝取得時の価格（簿価）を基準として資産や負債を評価し、計上する方法のこと。時価による再評価は行わない。

貸借対照表にのっている金額は昔の話

　資産や負債の評価には、*取得原価主義会計と、資産額の変動で評価をし直す時価会計があります。一部の資産については、時価も認められていますが、基本的には取得原価主義が原則です。ですから、その貸借対照表にのっている資産の金額は、その資産を買ってきたときの金額です。つまり、**現時点の価値ではないので、必ずしもその金額で売れるとは限りません。**

　たとえば、バブルの最盛期のころに1坪平均441万円まで上がった東京23区内の住宅地ですが、バブル崩壊後の地価の底となる2004年には3分の1の143万円まで下落しています。つまり、貸借対照表の資産の数字は、考えている以上にあてにはならないことになります。

　建物や備品についても同様のことがいえます。**時間の経過による価値の減少分を減価償却として、当初の購入金額を減少させていきますが、その計算も購入金額をもとに行うので、貸借対照表にのっている金額で売って現金化できるとは限りません。**

　決算書から現時点での価値を知る方法はないので、取引先の支払能力が気になるならば、**固定資産だけではなく現金や預金、あるいはそれ以外の流動資産をちゃんともっているかで判断するべきなのです。**

貸借対照表に計上される金額が「時価」か「取得価額」か?

株や公社債を購入すると、その所有目的によって、有価証券、投資有価証券、子会社株式（および関連会社株式）に分類される。この分類によって、貸借対照表に計上される金額が、購入したときの金額（取得価額）なのか、時価なのかが異なってくる。

項目	計上される金額
有価証券	時価
投資有価証券	時価 （評価・換算差額等にて評価損益を計上）
子会社株式	取得価額
商品 （期末時点の金額＞取得価額）	取得価額
商品 （期末時点の金額＜取得価額）	時価

プラス情報　会社のもつ土地や建物などの固定資産の収益性が下がり、その投下資金の回収ができなくなった場合については、その下がった分を損失として計上できる。これを減損会計という。

会社の 健全性 が見えてくる！

「現金」が極端に少ない 会社だけど大丈夫？

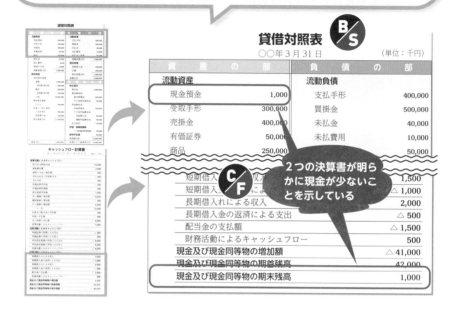

貸借対照表 B/S

○○年3月31日 （単位：千円）

資　産　の　部		負　債　の　部	
流動資産		**流動負債**	
現金預金	1,000	支払手形	400,000
受取手形	300,000	買掛金	500,000
売掛金	400,000	未払金	40,000
有価証券	50,000	未払費用	10,000
商品	250,000		50,000

> 2つの決算書が明らかに現金が少ないことを示している

C/F

短期借入	1,500
短期借入	△ 1,000
長期借入れによる収入	2,000
長期借入金の返済による支出	△ 500
配当金の支払額	△ 1,500
財務活動によるキャッシュフロー	500
現金及び現金同等物の増加額	△ 41,000
現金及び現金同等物の期首残高	42,000
現金及び現金同等物の期末残高	1,000

手もとの現金が何より大事

　会社で何より大事なのはキャッシュ、すなわち現金です。それが本業で稼いだお金であろうが、借りてきたお金であろうが、手もとに使うことのできる現金がなければ事業を行う上で必要な仕入や給料の支払いができなくなってしまうためです。**残された現金が少なければ、それは資金繰りが苦しいことを意味し、すぐに"倒産"の2文字が見えてきます。**

　会社員でも、給料日が10日後なのに、財布がスッカラカンになってしまえば困りますよね。貯金もなく、金融会社の借入れもできなければ、

一定期間に流入する現金のことを「キャッシュ・イン・フロー」、流出するお金のことを「キャッシュ・アウト・フロー」という。両者を総称した名称が「キャッシュフロー」ということになる。

それこそ水だけ飲んでしのぐしかありません。借金をしていて、返済日が迫っているのであれば、さらに困った事態になります。

現金の有無をあらわしているのが、貸借対照表の「現金預金」であり、キャッシュフロー計算書の「期末残高」です。 過去の数字と比べて減少しているのであれば、注意が必要です。

キャッシュフロー経営が大事

かつては、銀行がどんどん会社にお金を貸し出し、そのお金で積極的に設備投資をするのが主流の時代もありました。自ずと会社の財務面は悪化しますが、それにもまさる成長力が会社を後押ししてきたのです。しかし、時代はすっかりと様変わりし、**現金を重視するキャッシュフロー経営という考え方は、会社の健全性を担保するためも欠かせなくなってきています。**

キャッシュフロー経営とは、現金の流れであるキャッシュフローに着目した経営方法のこと。**営業キャッシュフロー、投資キャッシュフロー、財務キャッシュフローを改善させるために、さまざまな面から経営を見直していきます。** そして、できるだけ多くの現金が手もとに残るようにするのが最大の目的です。

現金を増やす方法 キャッシュフロー経営において、現金を増やすために改善すべきポイントは次の通りです。

営業 CF

● **利益**
営業努力による利益の増加。

● **仕入**
買掛金や支払手形の支払日までの期間を長期間化。

● **在庫**
徹底した商品管理で在庫を縮減。

● **売上債権**
売掛金や受取手形の早期の回収。

投資 CF

● **設備投資**
無駄な設備投資などの検討。新規の投資の際は、その効果を吟味。

● **有価証券**
含み益のある有価証券の売却。

財務 CF

● **借入金**
低金利の借入金を増やしてコストを低下。

● **社債**
直接金融の増加でコストが低下。

● **資本金**
増資などによる資本金の増加。

現金収支を重視したキャッシュフロー経営のメリットとして、ゆとりある経営が行えることと同時に、株主や銀行に対しての対外的な信用力強化につながる点も大変重要な要素となる。

4-9

会社の 投資活動 が見えてくる！

「固定資産」が急に増えているけど大丈夫？

貸借対照表
○○年3月31日

前払金	10,000	流動負債合計	
前払費用	4,000	**固定負債**	
貸倒引当金	△ 14,000	長期借入金	2,000,000
流動資産合計	1,500,000	社債	1,000,000
固定資産		固定負債合計	2,000,000
有形固定資産		負債合計	4,000,000
建物	1,000,000	**純資産の部**	
減価償却累計額	△ 300,000	**株主資本**	
備品	500,000	資本金	1,000,000
減価償却累計額	△ 100,000	資本剰余金	
土地	10,000,000	資本準備金	200,000
無形固定資産		その他資本剰余金	30,000
のれん	300,000		
投資その他の資産			60,000
子会社株式	200,000		
長期貸付金	100,000		
固定資産合計	11,700,000		40,000

「固定資産」が増加したということは、土地や建物、備品を購入したという意味。

前年と比較して、「固定資産」が増加している

設備や機械に対する投資ならOK

　とある得意先の会社の当期純利益が前年と比べて大きく減少していたため、収益や費用について前年のものと比較することにしました。すると、減価償却費が大きく増えており、**貸借対照表について前年のものと比較したところ、固定資産が圧倒的に増えていることがわかって…。**

　このような場合、増加した資産が設備や機械であれば、今後、それらを用いて新製品を発売したり、既存の製品の増産が期待されます。利益が減っていたのは、設備に対する効果はすぐには出ないからです。設備

プラス＋情報 有形固定資産増加率という指標もある。この指標は、前年度に比べてどの程度、有形固定資産が増加したかをあらわすもので、会社の成長性をはかる際にも用いられている。

投資が成功すれば、1年、2年後あたりから、今まで以上の利益をあげることになるでしょう。**すなわち、売上や利益を伸ばすための投資といえるので、固定資産の増加はその会社にプラスのことと、とらえることができます。**

建物や土地に対する投資は注意！

一方、**増加した資産が建物や土地であれば、それらがどのようなことに使われるかを見極めなければなりません。**たとえば、スーパーなどの小売業が、店舗を増やすために建物や土地を取得したのならば、設備や機械と同様、今後の利益が増えると予想されるので望ましい投資です。

ですが、建物や土地に対する投資が、豪華な本社ビルにするためとか、財テクのために土地を購入したというのなら注意が必要です。本社ビルを豪華にしたところで、売上や利益が大きく増えるわけではありません。それどころか、**本社ビルを取得したあとに資金繰りが苦しくなって、倒産した会社は山のように存在しています。**

また、財テクとしての土地に対する投資にしても、うまくいかなければバブル経済崩壊後のように大きな損失を抱えてしまうおそれがあり、リスクは高まります。

設備投資の種類 会社の成長に大きくかかわってくる設備投資には、次のような種類がある。

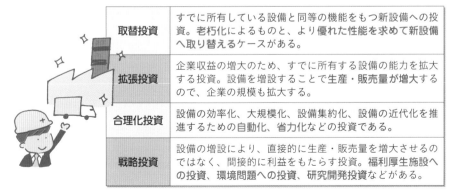

取替投資	すでに所有している設備と同等の機能をもつ新設備への投資。老朽化によるものと、より優れた性能を求めて新設備へ取り替えるケースがある。
拡張投資	企業収益の増大のため、すでに所有する設備の能力を拡大する投資。設備を増設することで生産・販売量が増大するので、企業の規模も拡大する。
合理化投資	設備の効率化、大規模化、設備集約化、設備の近代化を推進するための自動化、省力化などの投資である。
戦略投資	設備の増設により、直接的に生産・販売量を増大させるのではなく、間接的に利益をもたらす投資。福利厚生施設への投資、環境問題への投資、研究開発投資などがある。

貸借対照表だけでなく、キャッシュフロー計算書の「投資活動によるキャッシュフロー」でも、固定資産の増加の有無を判断することができるので、確認しておくとよい。

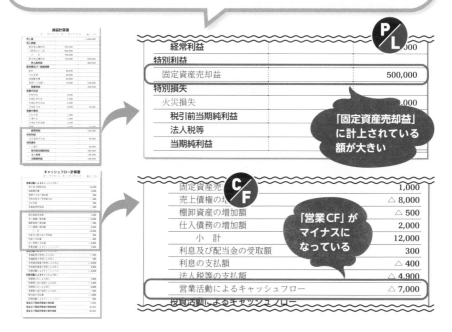

4-10 会社の 財政事情 が見えてくる！

会社の「資産」がどんどん減っている…？

	P L
経常利益	,000
特別利益	
固定資産売却益	500,000
特別損失	
火災損失	,000
税引前当期純利益	
法人税等	
当期純利益	

「固定資産売却益」に計上されている額が大きい

	C F
固定資産売	1,000
売上債権の増	△ 8,000
棚卸資産の増加額	△ 500
仕入債務の増加額	2,000
小　計	12,000
利息及び配当金の受取額	300
利息の支払額	△ 400
法人税等の支払額	△ 4,900
営業活動によるキャッシュフロー	△ 7,000
投資活動によるキャッシュフロー	

「営業CF」がマイナスになっている

固定資産売却損益で資産の目減りがわかる！

　「最近、生活が苦しくなってきたから車を売ることにしたよ…」などという話を身近で聞いたことがある人もいるかと思います。会社でも経営が苦しくなってくれば、背に腹は代えられません。もっていた資産を売却して、目先のお金をつくることもあります。固定資産の売却の有無は、**損益計算書だと固定資産売却益や固定資産売却損が計上されているかでわかります。どの程度売られているかは、貸借対照表の当期と前期を見比べれば判断できます**（経年比較）。

用語解説 ＊経年比較＝分析したい会社の連続した2〜3期分の決算書を比較して、当期の決算成績がよいか悪いかを判断する方法。年次比較や時系列比較ともいう。

144

本当に苦しいから売却しているのか？

ただし、固定資産を売却している＝会社経営が苦しい、と結論付けるのは早計です。場合によっては、ただ単に必要がなくなったから売却しているのかもしれません。

ではどうやって、固定資産を売却した理由を探り出せばよいのでしょうか？その答えは、キャッシュフロー計算書にあります。多額の固定資産を売却していれば、通常は投資キャッシュフローがプラスになります。そのときに**営業キャッシュフローがマイナスになっていたら、会社経営が苦しくて、切り売りしている可能性が高いといえます。**

ただし、営業キャッシュフローがプラスになっていて、過去数年間とほとんど変化がないようであれば、ただ単にその資産が必要がなくなったから売却したと推定することができます。

固定資産の売却理由の判別法　なぜ固定資産を売ったのかは、キャッシュフロー計算書で判断することが可能。

投資キャッシュフロー ＋

営業キャッシュフロー － 売却　会社経営が苦しいから資産を売却した可能性あり。

or

営業キャッシュフロー ＋ 売却　必要がなくなったから資産を売却しただけ。

会社経営の苦しさを読み取る方法

貸借対照表は1、2年前のものと見比べて現金・預金が減っていたり、借入金が増えていれば、経営が厳しいと判断できる。借入金が増えればキャッシュフロー計算書の財務キャッシュフローがプラスになる。

現金・預金が減り、借入金が増加。

借入金でキャッシュが増加。

資産の収益性が低下し、投資額の回収が見込めなくなったときに、固定資産の減損を行うことがある。この場合、資産を売却していなくても貸借対照表の金額が下がることになる。

4-11 会社の 借金体質 が見えてくる！

「借金」が多いのは悪い会社なの？

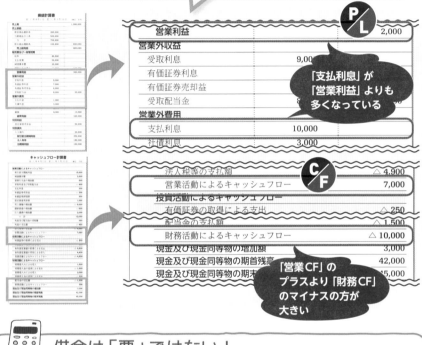

PL

営業利益		2,000
営業外収益		
受取利息	9,00	
有価証券利息		
有価証券売却益		
受取配当金	8,	
営業外費用		
支払利息	10,000	
社債利息	3,000	

「支払利息」が「営業利益」よりも多くなっている

CF

法人税等の支払額	△ 4,900
営業活動によるキャッシュフロー	7,000
投資活動によるキャッシュフロー	
有価証券の取得による支出	△ 250
配当金の支払額	△ 1,500
財務活動によるキャッシュフロー	△ 10,000
現金及び現金同等物の増加額	3,000
現金及び現金同等物の期首残高	42,000
現金及び現金同等物の期末	45,000

「営業CF」のプラスより「財務CF」のマイナスの方が大きい

借金は「悪」ではない！

　世の中的に「借金は悪！」という考え方が根強いですが、会社経営にとっては必ずしもそういうわけではありません。借金によって会社の成長を加速させることができたり、**支払利息を上回る収益を稼ぎ出すことによって、レバレッジ効果*が期待できるからです。** 無借金経営の代表格はトヨタ自動車ですが、無借金である方が珍しいくらい、借金はふつうに行われています。とはいえ、身の丈以上の借金は会社を滅ぼす劇薬！

　借金は、バランスが大切なのです。

用語解説 *レバレッジ効果＝「テコの原理」のことで、小さな力で大きな効果をもたらすという意味。経営では、自己資金に借入金を加えることで、大きな収益が得られることをあらわす。

第**4**章　"ギモン"から決算書を読み解く！「利益・資産・負債編」

損益計算書

貸借対照表

キャッシュフロー計算書

借金が過多でないかの判断基準

　会社にとってどの程度の借金が過多となるかは、会社の成長段階などによって異なります。しかし、明らかに借金過多といえる状態はあるので、それを決算書から読み取るための判断基準を紹介します。判断基準は以下の2つです。

> ①営業利益 ＜ 支払利息
> ②営業キャッシュフローのプラス ＜ 財務キャッシュフローのマイナス

　①は**本業で稼ぎ出した利益が、借金の利息の支払いですべて失われている**ことを意味し、②は**本業で稼ぎ出した現金が、借金の返済で全部なくなっている**ことを意味しています。

　つまり利益の側面から考えても、現金の側面から考えても、このような状態は明らかに借金が多すぎる「火の車」状態といえるのです。

貸借対照表を使った判断基準

流動資産より短期借入金が多ければ、短期借入金の返済にすべての流動資産をあてても足りない。倒産直前といってもよい。

流動資産 ＜ 短期借入金

借金のもつレバレッジ効果　借金を活用すると、利益を増やすこともできる。

出資金のみ活用	経営者の出資金 100万円（商品仕入） ⇨ 商品販売 120万円 ⇨ 利益 20万円	
	20%の利益をのせる	
借入金を活用	経営者の出資金＋借入金 100万円＋200万円 ＝300万円（商品仕入） ⇨ 商品販売 360万円 ⇨ 利益−利息（5%） 60万円−10万円 ＝50万円	

借入れをした方が利益が多くなる！

会社の 資産 が見えてくる！

「資産」は多いけど「現金」でないものばかり…？

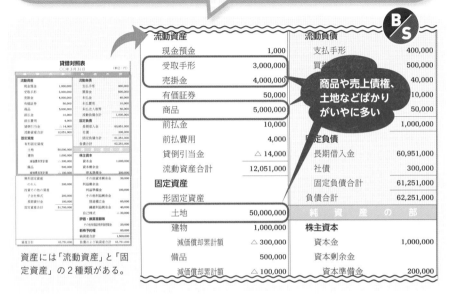

貸借対照表

流動資産		流動負債	
現金預金	1,000	支払手形	400,000
受取手形	3,000,000	買掛	500,000
売掛金	4,000,000		40,000
有価証券	50,000		10,000
商品	5,000,000		50,000
前払金	10,000		1,000,000
前払費用	4,000	固定負債	
貸倒引当金	△ 14,000	長期借入金	60,951,000
流動資産合計	12,051,000	社債	300,000
		固定負債合計	61,251,000
固定資産		負債合計	62,251,000
形固定資産			
土地	50,000,000	株主資本	
建物	1,000,000	資本金	1,000,000
減価償却累計額	△ 300,000	資本剰余金	
備品	500,000		
減価償却累計額	△ 100,000	資本準備金	200,000

商品や売上債権、土地などばかりがいやに多い

資産には「流動資産」と「固定資産」の2種類がある。

売れない商品もある

　貸借対照表の資産の数字が多ければ、仮に新しく取引を開始するのであっても安心感があるものです。しかし、名ばかりの資産で、実態がともなわないケースならばどうでしょう。張子の虎のように、数字が見掛け倒しであれば、新規の取引を躊躇してしまいます。

　その代表格が、**流動資産に記載される「商品」**です。本来、売ればお金になるものですから、資産価値はあるはずです。しかし、必ずしも売れるとは限らないものがあります。それが滞留在庫（不良在庫）です。

　倉庫のなかには、「これ、いつ仕入れたもの？本当に売れるの？」とい

用語解説

＊**保管料**＝自前の倉庫でなく倉庫会社などに依頼する際に発生する費用で、保管場所を借りる（賃借料）、保管管理を依頼する（保管料）、出し入れの作業（入出庫料）などを含む。

う商品があるものです。**滞留在庫は、文字通り倉庫に留まっている在庫のことであり、売れ残り品や季節の商品のことをいいます。**

どんな商品にも、売りどきがあります。たとえばデジタル製品ならば、新しい技術を活用した商品が続々と出てきますから、日々その価値は目減りしていきます。ですので、もともと1万円での販売を予定していたとしても、半年後にその値段で売れなくなる可能性は高くなります。

売れないまま長期間倉庫に眠っているのなら、倉庫の保管料や税金も発生するので、むしろ負の資産と考えることすらできます。

 ## しっかり商品管理ができているか

それでも、しっかり商品管理ができていれば、期末に価値が下がっている商品は、貸借対照表上、適正な価格で評価されなおすことになります。しかし、**商品管理がおざなりになっていたり、「そのうち売れるだろう」などとたかをくくっていれば、実際の価値と決算書の数字とがかけ離れていきます。**このように、貸借対照表の商品は、額面通りに受け取れない可能性もあるのです。

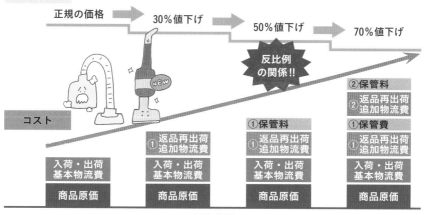

商品の価値とコストの関係

小売店のケース。資産となる商品は、時間の経過にともない価値は下がり、コストは増加していく。

商品の価値

正規の価格 → 30％値下げ → 50％値下げ → 70％値下げ

反比例の関係!!

②保管料
②返品再出荷 追加物流費

①保管料
①返品再出荷 追加物流費

①保管料
①返品再出荷 追加物流費

コスト

返品再出荷 追加物流費
①

入荷・出荷 基本物流費

入荷・出荷 基本物流費

入荷・出荷 基本物流費

入荷・出荷 基本物流費

商品原価

商品原価

商品原価

商品原価

時間の経過 →

 プラス情報 在庫の評価方法には低価法というものがあり、大企業ではこの方法が原則。低価法は期末の在庫の時価が購入金額よりも下回っている場合、時価に評価金額を替えるというもの。

回収できない売掛金

　資産を見る上で特に注意したいのは、流動資産の売上債権です。売上債権は、商品を売った際の売掛金や受取手形が該当しますが、それらの債権のなかには、相手先の会社が経営不振に陥っているなどの理由により、**本当にお金が回収できるかどうか怪しいものも含まれていることがあります。**

　相手先の会社が倒産してしまえば、いよいよ債権を100%回収することはできなくなります。どちらにしても、利益は出ていても現金がない、という危機的な状況を生み出します。

　問題なのは、このような状況で会社が会計上どう処理するかです。通常、売上債権の回収がむずかしそうな場合は、貸倒引当金を多めに設定して売掛金や受取手形を減額させます。そうすることで、貸借対照表に計上されている数字と、資産の実際の価値との差は少なくなります。

　しかし、**もうすぐ回収できるとの願望も含めたあまい考えで、貸倒引当金を設定していない可能性もあります。この場合、資産の数字は実際の価値とはかけ離れてしまいます。**

　また、相手先が倒産してしまい、**債権が回収不能にもかかわらず、貸倒損失として計上しなければ、その債権も実態のない資産になります。**

債権の3つの分類

債権は、回収可能性から一般債権、貸倒懸念債権、破産更生債権の3つに分類できる。貸倒懸念債権や破産更生債権には、回収できない場合に備えて、通常より多めに貸倒引当金を設定する。

一般債権	これまで、きちんとお金を払ってくれている取引先の債権のこと。
貸倒懸念債権	債権の支払いが遅れることが多いなど、回収できなくなる可能性が少し感じられる取引先の債権のこと。
破産更生債権	倒産してしまった取引先や、事実上倒産しているような取引先に対する債権のこと。

プラス情報　売掛金には権利を失う時効があり、種類によって決まっている。建築工事などの請負代金は3年、製造業、卸売業、小売業の売掛金は2年、運送料、宿泊代、飲食代は1年となる。

土地が担保に入っているケース

　土地は価格の変動が反映されないことがあるため、貸借対照表に計上されている金額だけの資産価値があるとは限らないのですが（➡P138）、土地が借金の担保に入っていても同じようなことがいえます。

　担保は、お金を借りる際に、債権の支払いを確保するため融資をしてもらう銀行などに差し出すものです。土地が担保に入っていると、使用には問題はないですが、勝手に売って現金に換えることはできません。

　つまり、**お金に困っても自由に換金することができないわけです。固定資産の建物についても同じことがいえますが、このような場合は、貸借対照表通りの資産価値があるとはいいがたくなります。**

　ちなみに土地が担保に入っているかどうかを確認するには、その土地のある法務局で登記簿謄本を入手すればわかります。

　まとめると、貸借対照表に記載されている資産は、必ずしもその金額と同等の資産価値があるとは限らないということです。それを見抜くには、第5章で取り上げる「棚卸資産回転率（➡P220）」「売上債権回転率（➡P181）」など、さまざまな経営分析の指標を複合的に活用して判断するしかないのです。

担保の種類　借金をする際、銀行などの金融機関は担保を要求する。担保の対象は、土地や建物、有価証券など資産価値のあるものになる。

質権	少額の借金で用いられることが多く、おもに不動産以外の有形財産が対象。担保の対象物を債権者（お金を貸す側）に渡すため、債務者（お金を借りた側）は債務の完済まで、担保に差し出した物の使用はできなくなる。
抵当権	不動産を目的として設定されることが多い。不動産の使用は債務者が継続して行うことができ、債権者は債務者が約束通りの履行をしない場合には、不動産を換金し、優先的に支払いを受けることができる。
根抵当権	特定の債権を担保するのではなく、限度額を定めて、その範囲にある複数の債権を担保する。金融機関の融資で、繰り返し取引を行っている場合に用いられる。
仮登記担保	債務者が約束通りに履行しない場合、担保の不動産は債権者に所有権移転する。裁判をせずに不動産を得ることができるため、最もかんたんで確実な担保となる。

用語解説　*貸倒損失＝売掛金や手形などの債権が、相手先の会社の倒産などにより回収できなくなった場合の損失。会計上は、回収できなくなった売掛金や手形などを減らして、費用として計上する。

実践ドリル

前年比で実態を読み取ろう！①
「近鉄グループホールディングス」の決算書

Q 次の決算書から読み取れることはどれ？

1 本業はうまくいっているが**最終利益はよくない。**

2 本業がうまくいっていないが**最終的な利益は悪くない。**

3 本業が**極端**によくない。

（単位：百万円）

	109期（前期）	110期（当期）
営業収益（売上高）	1,194,244	697,203
運輸業等営業費及び売上原価	987,254	632,332
販売費及び一般管理費	157,609	126,986
営業利益（損失）	49,380	△ 62,115
営業外収益		
受取利息	224	184
受取配当金	901	649
その他	7,940	30,541
営業外収益合計	9,065	31,374
営業外費用		
支払利息	7,992	7,864
その他	3,228	3,354
営業外費用合計	11,220	11,218
経常利益（損失）	47,224	△ 41,959
特別利益	6,962	7,055
特別損失	18,112	48,601
税金等調整前当期純利益（損失）	36,075	△ 83,505
法人税等	17,103	△ 12,949
当期純利益（損失）	18,971	△ 70,556
非支配株主に帰属する当期純損失	△ 1,589	△ 10,368
親会社株主に帰属する当期純利益（損失）	20,561	△ 60,187

2020年3月末と2021年3月末を決算日とする2期分（連結ベース）

環境の変化で利益から損失へ

関西を代表する大企業である近鉄グループホールディングスの前期と当期の決算書を見ていきます。

まず売上高ですが、前期に比べて当期は半分近くまで落ち込んでいます。同じ会社の売上高で、1年の違いでここまで落ち込むことは、通常ではまずあり得ません。同じように**経常利益も前期は400億円台ですが、これが当期になるとプラスとマイナスを入れ替えたかのように400億円台の損失**となっています。

見るべきポイント！

（単位：百万円）

	2020年3月末（前期）	2021年3月末（当期）
営業収益（売上高）	1,194,244	697,203
経常利益（損失）	47,224	△ 41,959
特別損失	18,112	48,601
当期純利益又は当期純損失	18,971	△ 70,556

経営環境が変わると、こんなにも利益に影響してくるのか…

特別損失も2.5倍ほど増えており、最終的に前期には約180億円の利益だったものが、約700億円もの損失を計上する事態になっている。

ここまで落ち込むと、たった1年違いの同じ会社の売上や利益とは思えないくらいです。天地がひっくり返るようなよほどのことがない限りは、このようなことは起こりえないはずです。

では、この1年間に何が起きたのでしょうか？　そうです、**新型コロナウイルス感染症の拡大によるもの**です。近鉄グループは鉄道業、不動産業、ホテル事業などを中核として営んでいるので、まさしくコロナウイルス感染症の影響を甚大に被る業態といえます。それゆえに、決算書にもこのような変化があらわれたのです。会社の体力次第では、経営の存続が危ぶまれるレベルの事態ともいえます。

答　**3**

会計はルールと法律が
土台にある

時代とともに移り変わる会計基準

　日本の会計のルールは、「公正なる会計慣行」が規範となっています。これは戦後、大蔵省（現・財務省）が定めた会計の原則をベースとしたもので、時代の移り変わりとともに少しずつ変更されてきました。

　なかでも大きな変革は、1990年代後半からのいわゆる「会計ビックバン」です。これは、経済のグローバル化にあわせて、国際的な基準に近づけるための大改正のことです。連結財務諸表を重視する傾向やキャッシュフロー計算書の導入などもこのときに行われ、会社の決算に大きな影響を与えました。

会計にまつわるおもな法律は3つ

　この「公正なる会計慣行」をさまざまな法律に適用させることで、日本の会計制度は成り立っています。会計にまつわるおもな法律は、「金融商品取引法」「会社法」「法人税法」の3つになります。

　「金融商品取引法」は、投資家の保護を目的として、会社が決算書を開示する方法を定めています。対象は、株式を公開している大企業であり、有価証券報告書を作成して、それを国に提出することを義務付けています。

　「会社法」は、株主と債権者を守ることを目的としており、配当できる利益の計算もこの法律で定めています。すべての会社を対象とし、決算期ごとに決算書を作成することも義務付けています。

　「法人税法」は、会社が納める法人税の計算方法を定めています。法人税の計算は、会社が作成する決算書をもとにして、税金のルールにのっとった調整をして算出することになります。

　決算書は、「公正なる会計慣行」とこれら法律にもとづいてつくられなければならないわけで、ルールに違反すれば罪を受けることも覚悟しなければなりません。

第 5 章

"ギモン"から決算書を読み解く!

「収益・安全・成長編」

収益性、安全性、成長性という面から
会社の決算書を分析してみます。
経営分析の基本がマスターできます。

導入 「会社の今」は 収益・安全・成長で比較！

会社の状態がよいのか悪いのかを判断したい！

　第４章では、利益や資産や負債の金額から会社の状態を知ることができましたが、そこから知ることができるのは、「会社の今の姿」という単独のものです。逆の言い方をすると、ほかの会社と比べてよいのか悪いのか、自分の会社の過去と比べてよいのか悪いのかまでは、知ることができません。

　そこでこの章では、「会社の今の姿」を他社や過去の自分（自社）と比較するための決算書の読み解き方を見ていきます。

「会社の今を比較」することで役立つこと

　例えば、株式の投資を行うのであれば、Ａ社に投資すべきか、それともＢ社に投資すべきか、悩ましい場面が出てくることがあります。その場合、**会社同士を比較することができれば、その結果から、どちらの会**

投資家のおもな判断基準	投資家は自分のお金を会社に委ねるために、以下のような基準でシビアに会社の今を比較する。

	会社の価値で判断	投資したお金を活用して企業がいかに効率的に利益を稼ぎ出せるかなど
	株価にもとづいて判断	1株に対してどれほどの純資産が会社にあるかなど

社に投資すべきかを決めることができるようになるわけです。このように、会社を比較することは、投資家だけでなく、経営者、ビジネスパーソンにとっても重要な要素となります。

📁 「会社の今を比較」するために必要な指標

「会社の今の姿」と他社や過去の自分（自社）とでは、利益や資産などの規模が違ってきます。規模の違う決算書を比較するために必要となるのが**比率**です。

例えば、身長の異なる2人の体重を比べて、A君が60kgでB君が72kgだったとしても、必ずしもB君のほうが太っているとはいえませんよね。A君の身長が160cmでB君の身長が180cmだったとしたら、A君のほうが太っているといえるかもしれません。

そこでこの章では、**異なる条件下での2つの決算書を比較するための、さまざまな比率**を説明していきます。具体的には、下図の指標などについて触れていきます。決算書を用いて企業間比較や自社の推移分析ができるようになれば、決算書を読む力はグンと上がります。

収益・安全・成長をあらわす指標　　会社の収益・安全・成長をあらわす指標は、1つだけはなく複数の指標がある。

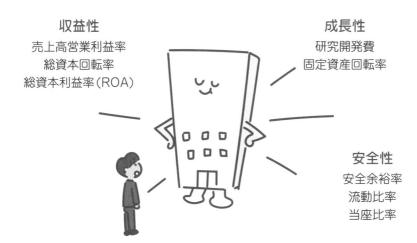

収益性
売上高営業利益率
総資本回転率
総資本利益率（ROA）

成長性
研究開発費
固定資産回転率

安全性
安全余裕率
流動比率
当座比率

会社の 収益性 が見えてくる！

「売上高」に比べて「営業利益」が少ない？

損益計算書 P/L

自○○年4月1日　至○○年3月31日　　（単位：千円）

売上高		1,000,000
売上原価		
期首商品棚卸高	200,000	
当期商品仕入高	500,000	
合　　計	700,000	
期末商品棚卸高	100,000	600,000
売上総利益		400,000
販売費及び一般管理費		
給料	189,500	
支払家賃	130,000	
減価償却費	50,000	
貸倒引当金繰入	30,000	399,500
営業利益		500
営業外収益		
受取利息	9,000	

「売上高」に対して、「営業利益」が明らかに少ない

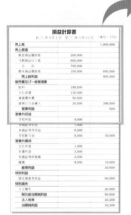

経営分析の指標となる「売上高営業利益率」を求めて会社の収益性を判断。

どれだけ儲けているかが大事

　ほとんどの会社は自社のホームページの「会社概要」に資本金の金額や売上高をのせています。ですが、利益についてはのせていない会社もあります。なぜなら、利益についてはあまり自信がないからです。売上は常にプラスですが、決算期によっては、利益は赤字になることもあるためです。実際、「会社概要」に利益を出している日本の会社は、約3割にすぎません。

　しかし、**会社を最終的に判断するのは、どれだけ儲けているかです。**売上高が多ければよい会社ということではありません。売上が多ければ

プラス➕情報　日本の会社のなかで、売上高営業利益率で上昇著しいのがIT企業。売上高営業利益率で見ると、40～50％という桁違いの数字で上位を占めている。

利益も多くなる気がしますが、売上高と利益が多い会社もあれば、売上高は多いけど利益は少ない会社もあります。**前者は効率よく稼げている**収益性の高い会社であり、**後者は効率よく稼げていない収益性の低い会社**ということになります。

 効率よく稼げているかを見極める指標

効率よく稼げているかどうかを判断する代表的な指標に、「売上高営業利益率」があります。本業の儲けをあらわす営業利益を、売上高で割って求めるもので、式で示すと次のようになります。

$$●売上高営業利益率 = \frac{営業利益}{売上高} \times 100$$

売上高営業利益率が高い会社ほど、本業で効率よく稼げていることを意味します。たとえばA社、B社とも売上高が10億円であり、営業利益はA社が1億円、B社が5,000万円とすると、A社の売上高営業利益率が10％、B社の売上高営業利益率が5％ということになります。

両社とも同じ売上高でありながら、**実際はA社の方が2倍効率よく稼げていることになります。**つまり、A社の方がよい会社といえるのです。

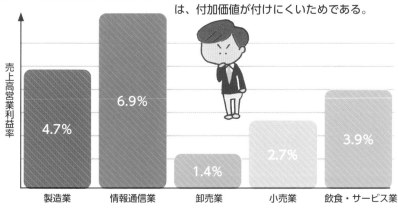

主な業種の売上高営業利益率

業種で売上高営業利益率は異なるので、比較は同業種で行う必要がある。小売業や卸売業が低いのは、付加価値が付けにくいためである。

売上高営業利益率

- 製造業 4.7%
- 情報通信業 6.9%
- 卸売業 1.4%
- 小売業 2.7%
- 飲食・サービス業 3.9%

 用語解説
*収益性＝企業の稼ぐ力のこと。収益性をはかる指標は複数あり、利益のような金額ではなく、比率によってどれだけ効率的に利益を獲得しているかを判断するものとなる。

組織力の高さをあらわす「売上高営業利益率」

「売上高営業利益率」は、売上高に占める営業利益の割合であり、企業の本来の実力、本業で儲ける力や企業の管理効率を示しています。つまり、売上高営業利益率が高いということは、利益を稼ぎ出す組織やしくみができているということであり、**組織力の高さをあらわします。**

●**売上高営業利益率＝組織力**

売上高営業利益率を求める式の営業利益を、売上総利益や経常利益に変えることによって、売上高総利益率、売上高経常利益率を求めることができます。式で示すと、以下の通りです。

$$●売上高総利益率 = \frac{売上総利益}{売上高} \times 100$$

$$●売上高経常利益率 = \frac{経常利益}{売上高} \times 100$$

売上高営業利益率は比較して判断

売上高営業利益率は、会社の1年分だけの数字を見ても、よし悪しは判断できない。ライバル会社や業界全体の平均と比較したり、その会社の過去の数字と比較することで、判断することができる。

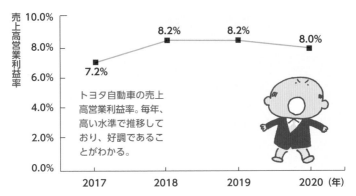

トヨタ自動車の売上高営業利益率。毎年、高い水準で推移しており、好調であることがわかる。

プラス情報　飲食・サービス業は、売上高総利益率の平均が50％を超えるにもかかわらず、売上高営業利益率は3.9％と大幅に低くなる。このことは、飲食・サービス業の人件費が高いことを意味している。

それぞれの利益率でわかること

　左ページの計算式のように、分子の利益を営業利益にするか、売上総利益にするか、経常利益にするかによって利益率の意味することは変わってきます。

　売上高総利益率は、売上高に占める売上総利益の割合です。売上高総利益率が高いということは、高くてもその商品が売れているということであり、商品力の高さをあらわします。

> ●売上高総利益率＝商品力

　売上高経常利益率は、売上高に占める経常利益の割合です。売上高経常利益率が高いということは、資金運用や資金調達といった資金管理の面も含めて会社がうまく行っているということであり、**会社力が高いといえます。**

> ●売上高経常利益率＝会社力

　以上、３つの利益率の指標を総称して「売上高利益率」ともいいます。

売上高利益率分析の視点　売上高営業利益率を使っての分析では、売上高総利益率と組み合わせることが多い。

●売上高総利益率が高いにもかかわらず、売上高営業利益率が低い場合。	人件費などの経費がかかりすぎている。
●売上高総利益率はあまり高くないのに、売上高営業利益率が他社よりも高い場合。	営業努力や経費削減を積極的に行っている。
●売上高営業利益率が過去数年間にわたって大きく低下している場合。	本業が傾いている可能性が高い。

用語解説　*商品力＝商品の「価値」のこと。高い商品力があれば、高価格であっても消費者は商品を欲することになる。一方、商品力が低ければ、低価格で勝負するしかなくなる。

会社の 効率性 が見えてくる！

他社と「総資本」は同じなのに「売上高」がぜんぜん違う？

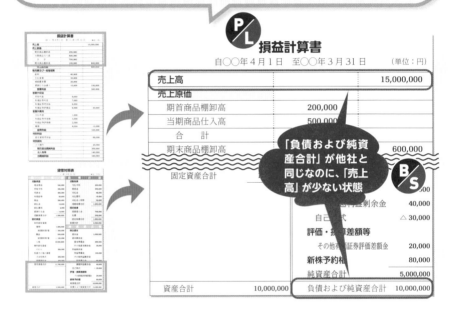

P/L 損益計算書

自○○年4月1日　至○○年3月31日　　（単位：円）

売上高		15,000,000
売上原価		
期首商品棚卸高	200,000	
当期商品仕入高	500,000	
合　計		
期末商品棚卸高		600,000
固定資産合計		

「負債および純資産合計」が他社と同じなのに、「売上高」が少ない状態

B/S

	利益剰余金	40,000
	自己株式	△ 30,000
評価・換算差額等		
	その他有価証券評価差額金	20,000
新株予約権		80,000
	純資産合計	5,000,000
資産合計	10,000,000	負債および純資産合計	10,000,000

うちの会社はヒマ？

　規模のそんなに変わらない同業他社はピリピリとした緊張感があって忙しそうだけど、自分の勤めている会社はノンビリと平和でそんなに忙しくない、いい換えれば「ヒマな会社」…こういったことは世間ではありがちです。**そんな状況を「総資本回転率」という指標で比べてみることにしましょう。**

　ふつう忙しければ、売上高は多くなり、ヒマならば売上高は少なくなります。規模がそんなに変わらないのであれば、2つの会社の**総資本**は

*プラス情報　**総資本**＝貸借対照表の右側に記入される資本と負債を合わせたもので、会社のもつ資本の総額を意味する。同じく貸借対照表の左側に記入される資産総額と同額になる。

ほぼ同じと考えてよいでしょう。**総資本回転率は、総資本に対する売上高の割合のことです。**式であらわすと以下のようになります。

$$●総資本回転率 = \frac{売上高}{総資本}$$

総資本回転率の単位は％ではなく、1回転、2回転といった「回転」を用います。たとえば、先ほどの両社の総資本が1,000万円だとします。そして忙しい会社の売上高が1,500万円、ヒマな会社の売上高が800万円だとすると、それぞれの総資本回転率は次のようになります。

$$●忙しい会社 \quad \frac{1,500万円}{1,000万円} = 1.5回転$$

$$●ヒマな会社 \quad \frac{800万円}{1,000万円} = 0.8回転$$

総資本回転率は、現金や設備といった会社の資源をいかに有効に利用したかをあらわす指標です。総資本回転率が高いということは、会社の資源を有効に利用したので、多くの売上高をあげることができたことを意味しています。つまり忙しい会社は、ヒマな会社よりも効率のよい会社であるといえます。

総資本回転率の1回転の考え方

資本が会社の経営に使われ、再びもとの資本（お金）に戻るまでを1回転といい、資本が何回転したかによって会社の効率性を判断できる。右の図は、製造業の場合の例。

1回転の間に、資本はこのような形態をとる。

 経営資源が潤沢でない中小企業は、総資本回転率の上昇が競争力強化のポイントとなる。これはマラソンにたとえると、速く走るために脚の回転を早める「ピッチ走法」と同じであるといえる。

設備を有効利用したら売上高が増える！

　会社の設備と売上高の関係は、ホテルの稼働率をイメージするとわかりやすいでしょう。ホテルでは、売上高を増やすには稼働率を高めることが必要といわれています。稼働率を高めるということは、すなわちホテルの設備である客室を有効に利用するということです。

　ホテルに客室が100部屋あるとして、そのうちの1割しか埋まっていないよりも、9割宿泊客で埋まっていた方が売上高は圧倒的に増えますよね。つまり、**設備を有効に使うことによって売上高は増えるのです。**

 ## 総資本回転率の変動のワケ

　総資本回転率は、計算式の分子に売上高、分母に総資本をもってきて計算しましたが、分母の総資本を流動資産や固定資産に変えることによって、「流動資産回転率」や「固定資産回転率」を求めることができます。

$$●流動資産回転率 = \frac{売上高}{流動資産}$$

$$●固定資産回転率 = \frac{売上高}{固定資産}$$

　流動資産回転率と固定資産回転率は、業界平均や過去の結果と比較することによって、流動資産や固定資産が有効に活用されているかを明らかにすることのできる指標です。

　この2つの指標は、総資本回転率に変動があったとき、さらに細かく分析するのに用いられます。総資本回転率が低下していたら、流動資産回転率と固定資産回転率のどちらか、もしくは両方が低下していることになります。

　流動資産回転率と固定資産回転率が低下しているということは、それぞれ売上に結び付かない流動資産、もしくは固定資産が増えていることが原因です。売上に結び付かない流動資産は、たとえば不良債権の増加

  不動産業、鉄道業、通信業、電力業といった業種は、土地や設備といった固定資産をたくさん保有する必要があるため、自ずと総資本回転率は低くなる。

であったり、固定資産であれば効果的でない設備投資などです。

　もしも、売上高が減少することなく**総資本回転率が低下しているので
あれば、これらのムダな流動負債や固定資産が増加していることが理由
であると考えられるのです。**

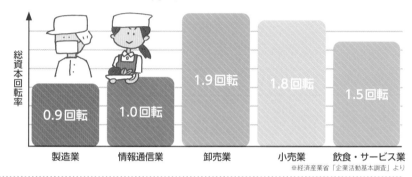

総資本回転率の業種別平均

業種別の総資本回転率は、以下のようになる。利益率の低い小売業や卸売業の方が、ほかの業種に比べて高い。

総資本回転率

製造業	情報通信業	卸売業	小売業	飲食・サービス業
0.9回転	1.0回転	1.9回転	1.8回転	1.5回転

※経済産業省「企業活動基本調査」より

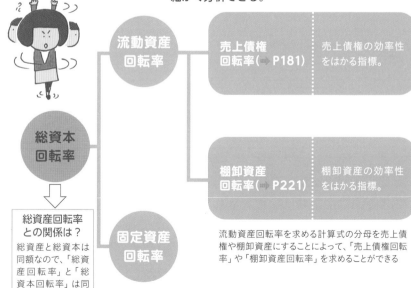

経営の効率化をはかる指標

各指標は次のような関係にある。総資本回転率は、流動資産回転率と固定資産回転率の両面からさらに細かく分析できる。

流動資産回転率

売上債権回転率（➡ P181）　売上債権の効率性をはかる指標。

総資本回転率

棚卸資産回転率（➡ P221）　棚卸資産の効率性をはかる指標。

総資産回転率との関係は？
総資産と総資本は同額なので、「総資産回転率」と「総資本回転率」は同じ数値になる。

固定資産回転率

流動資産回転率を求める計算式の分母を売上債権や棚卸資産にすることによって、「売上債権回転率」や「棚卸資産回転率」を求めることができる

プラス情報　固定資産回転率は、設備投資の効果を判断するのにも役立つ。ただし、設備投資は長期にわたって回収されるため、最低5年間くらいの期間の固定資産回転率を比較する必要がある。

5-3 会社の 儲ける力 が見えてくる！

「自己資本」と「他人資本」は多いのに「経常利益」が少ない…

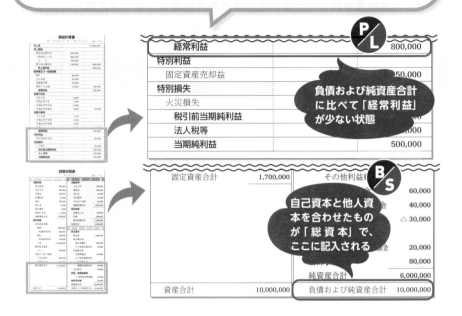

損益計算書

経常利益		800,000
特別利益		
固定資産売却益		50,000
特別損失		
火災損失		
税引前当期純利益		
法人税等		
当期純利益		500,000

負債および純資産合計に比べて「経常利益」が少ない状態

貸借対照表

固定資産合計	1,700,000	その他利益剰余金	
			60,000
			40,000
			△ 30,000
			20,000
			80,000
		純資産合計	6,000,000
資産合計	10,000,000	負債および純資産合計	10,000,000

自己資本と他人資本を合わせたものが「総資本」で、ここに記入される

 会社の総合的な収益性を示すROA

　株式投資やギャンブルは、ただ勝てばよいというわけではないですよね。仮に10万円勝ったとしても、そのために9万円費やしていれば、差額の1万円しか儲からなかったということになります。

　逆に1万円かけて10万円勝ったのであれば差額9万円儲かったことになります。当然、後者の方が理想的なのはいうまでもありません。

　大事なのは、元手に対してどれだけ儲けたかということです。それを会社経営であらわしたものが「総資本利益率」（ROA）です。

用語解説　*ROA＝総資本利益率（または総資産利益率）のことを英語ではReturn on Assets（資産の分の見返り）という。その頭文字をとってROAと呼び、経営分析では代表的な略語のひとつになる。

利益として、５つの利益のなかの経常利益を用いてROAを式であらわすと、次のようになります。

$$
\bullet\text{総資本利益率（ROA）} = \frac{\text{経常利益}}{\text{総資本}} \times 100
$$

ROAは、会社に投下されたお金がどれだけ利益を稼ぎ出したのかを意味しています。会社に投下されたお金、すなわち分母の総資本には、株主が出した分である自己資本だけでなく、銀行などから借り入れた他人資本である負債も含まれています。通常 "会社の利益" といわれる経常利益を、このような会社に投下された資本で割って求めるので、この値は会社の総合的な収益性をあらわしていると考えられています。

たとえば、3,000円しかなかったので、奥さんから7,000円を借りて、合計１万円をもってギャンブルに行ったとします。結果は１万2,000円得ることができました（利益＝2,000円）。これをROAを求める計算式に当てはめると、2,000円÷１万円×100＝20％となります。

自分のお金だけでなく、人のお金も加えた合計で儲け具合を計算するのがROAなのです。ちなみに、会社で20％のROAが得られれば、かなり優良な会社といえます。

ROA の国際比較

日本企業は、ROAが低いことが特徴である。その理由は、日本企業は規模拡大を志向する傾向にあるためであり、総資産が大きくなりがちだからである。

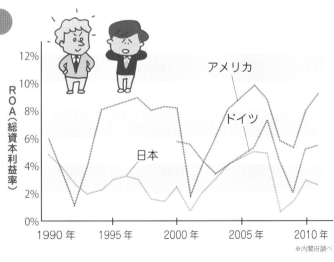

※内閣府調べ

 プラス情報 総資本利益率の分子の利益を、経常利益ではなく営業利益や当期純利益を用いて計算することもある。なお、経常利益を用いる場合、正式には総資本経常利益率という。

ROAで儲ける秘訣が見えてくる！

ROAは、その計算式を変化させることができます。**このように式を変えることで、会社が儲けるために必要なものは何なのか、問題点は何なのかが見えてきます。**

ROAを求める公式（➡P167）に「1＝売上高/売上高」をかけて、式を入れ替えることで、ROAを次のようにあらわすことができます。

$$●総資本利益率（ROA）= \frac{経常利益}{総資本} \times 1$$

$$= \frac{経常利益}{総資本} \times \frac{売上高}{売上高}$$

$$= \frac{経常利益}{売上高} \times \frac{売上高}{総資本}$$

経常利益/売上高は売上高利益率〔売上高経常利益率（➡P160）〕であり、売上高/総資本は総資本回転率（➡P163）なので、総資本利益率は次の式に置き換えることができます。

$$●総資本利益率（ROA）= 売上高利益率 \times 総資本回転率$$

この式より、**ROAを高めるためには、売上高利益率を高めるか、総資本回転率を高めればよいということがわかります。**売上高利益率は収益性を、総資本回転率は効率性をあらわしているので、ROAは、その2つを合わせた総合的な会社の稼ぐ力をあらわすことになります。

以前、大塚家具で創業家の父娘が路線対立を起こして世間を騒がせましたが、ROAの高め方の方法論の違いととることもできます。父親はこれまでの高級路線を堅持したいという考えでした。つまり、売上高利益率を高めようと思ったわけです。

一方、娘はターゲットを中流層に広げて販売量を増やしたいと考えま

ROAを高める方法は業種でも異なる。売上高利益率を重視する代表的な業種には製造業があげられ、総資本回転率を重視する業種としては小売業や卸売業があげられる。

した。こちらは、総資本回転率を高めたいと思ったわけです。**どちらも、結果としてROAを高めるということに違いはないのです。**

マラソン走法と収益性・効率性

売上高利益率・総資本回転率は、マラソンの走法に置き換えると次のようになる。

売上高利益率を高める

商品1個あたりの利益を増やす＝1歩あたりの歩幅が広いスライド走法。

総資本回転率を高める

設備等をフルに回転させる＝1歩あたりの回転をあげるピッチ走法。

ROA の分解と性質

ROAを分解した売上高利益率と総資本回転率を追求することにより、小売業では次のような業態に分かれる。

総資本利益率 × { 売上高利益率 ⇨ 利益率重視 ⇨ 高級店 / 総資本回転率 ⇨ 回転率重視 ⇨ 安売りディスカウント店 }

売上高利益率と総資本回転率の関係

売上高利益率を高めるということは、商品に利益を多くのせて売値を高くすることであり、総資本回転率を高めるということは商品をたくさん売るということ。売値を上げれば所得水準の高い消費者しか商品を買わなくなる。一方、販売数量を増やすには売値を下げる必要がある。つまり売上高利益率と総資本回転率は、反比例の関係にある。

売値＝売上高利益率

売上高利益率と総資本回転率を同時に高めることはむずかしい!

販売数量＝総資本回転率

プラス情報　トヨタ、ホンダ、日産の自動車大手3社のROAは、いずれも10％前後と高い数値となっている。ROAは、製造業の方が小売・サービス業などよりも高くなる傾向にある。

「純資産」は多いのに「当期純利益」が少ない…

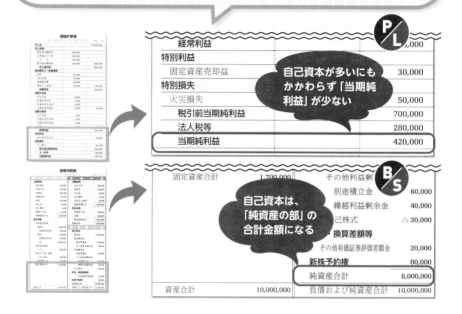

経常利益	P/L
	,000
特別利益	
固定資産売却益	30,000
特別損失	
火災損失	50,000
税引前当期純利益	700,000
法人税等	280,000
当期純利益	420,000

自己資本が多いにもかかわらず「当期純利益」が少ない

固定資産合計	1,700,000	その他利益剰	B/S
		別途積立金	60,000
		繰越利益剰余金	40,000
		己株式	△ 30,000
		換算差額等	
		その他有価証券評価差額金	20,000
		新株予約権	80,000
		純資産合計	6,000,000
資産合計	10,000,000	負債および純資産合計	10,000,000

自己資本は、「純資産の部」の合計金額になる

 自分で出したお金の儲かり具合がROE

　総資本利益率（ROA）では、ROAを自分のお金と奥さんから借りたお金を合わせた合計に対する儲かり具合と表現しましたが（➡P166）、自分自身が出したお金に対する儲かり具合も気になるところです。**会社で自分自身が出したお金は、すなわち株主が出した分である自己資本ということであり、それが自己資本利益率（ROE）になります。**

　一般にROEで用いる利益は当期純利益です。ROEを式であらわすと、次のようになります。

*ROE＝自己資本利益率を英語ではReturn on Equityといい、この頭文字のこと。近年、最も注目されている経営指標であり、多くの上場企業がROEを高める経営を目指している。

$$\text{自己資本利益率（ROE）} = \frac{\text{当期純利益}}{\text{自己資本}} \times 100$$

株主の投資の指標に用いられる

　ROEは、貸借対照表の純資産である自己資本が、どれだけ利益を稼ぎ出したのかをあらわしています。当期純利益はすべての費用や税金を差し引いた最終の利益なので、この金額の分だけ株主の取り分が増えることになります。

　そのためROEは、株主の投資に対するリターンを意味します。**株主の投資効率をあらわしているわけで、投資家の判断基準としてもROAと合わせてよく使われている指標になります。**

　たとえば、5,000円しかもっていなかったので、奥さんから5,000円を借りて、合計1万円をもってギャンブルに行ったとします。儲けが2,000円だったとして、奥さんからお金を借りる際に「500円の利息をつけるよ」と約束していたのなら、最終的な自分の儲けは利息を引いた1,500円です。

　これらの数値を会社のことに置き換えて、上の式にあてはめて計算すると、1,500円÷5,000円×100＝30％となります。

ROE の日米比較

日本の会社はアメリカの会社と比べてROEがとても低く、ほかの先進国の企業と比べても低い。ROEが低いということは、株主が出資したお金を効率よく利用していないということ。株主の出資が集まらなくなることにつながるので、会社はROEを高める努力をする必要がある。

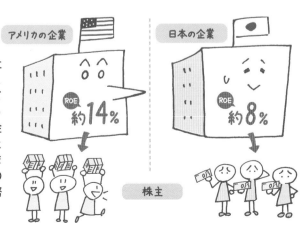

アメリカの企業　　　日本の企業

ROE 約14%　　ROE 約8%

株主

プラス情報　東京証券取引所の新しい指数「JPX日経インデックス400」では、ROE（自己資本利益率）が重要な選定条件の一つであり、投資により適した国内400社が選ばれている。

損益計算書

貸借対照表

キャッシュフロー計算書

ROEとROAを組み合わせて判断！

　ROEを経営目標に掲げる企業が増えていますが、ROEには欠点もあります。**ROEを高めるための方法に、利益を増やす方法のほかに、自己資本を減らす方法もあるためです。**

　ROEを高めようとして自己資本を減らしてしまえば、その分を他人資本である負債で補うしかありません。となれば、負債が多くなりすぎてしまって、財務の健全性を失ってしまいます。

　ですから、その会社のよし悪しをROEだけで判断するのではなく、ROAと合わせて判断する必要あるのです。ROEとROAの高低を分類すると、大きくは、次の図のような4つのグループに分けることができます。

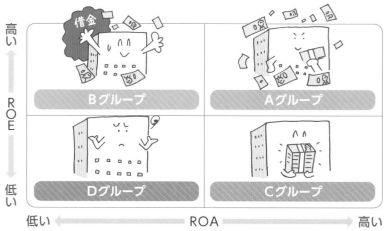

　以下、それぞれのグループの意味することをお話ししていきましょう。

Aグループ〜ROE、ROAともに高い〜

　自己資本でも、借金である他人資本を含めた総資本でも、それらを使って利益をたくさんあげているということです。**収益性の高い、文句なく優秀な会社と判断することができます。**

　近年の株主重視の経営では、株主利益の最大化が使命と考えられていることもあり、自己資本を分母にするROEの方がROAより重視される傾向にある。

Bグループ〜 ROEは高く、ROAは低い〜

稼げてはいるけれど、実は借金が多いかもしれません。ROEは高いので収益性は高いはずですが、ROAが低くなっているので負債の割合が多くなっている可能性があります。このような場合は、**安全性（財務の健全性）**の指標も合わせて確認するとよいでしょう。

Cグループ〜 ROEは低く、ROAは高い〜

稼げてはいるけれど、経営上手な会社ではないかもしれません。ROAが高いので、全体としての収益性は悪くありません。にもかかわらずROEが低いということは、借金をすればもっと利益を増やせる可能性があるのに、それをしていないと見ることができます。安全性の観点からすると望ましいのかもしれませんが、会社のスタンスとしては、稼げるチャンスをみすみす逃すのはマイナスと判断すべきです。

Dグループ〜 ROE、ROAともに低い〜

稼げていない会社の典型です。もっと資産を効率的に使ったり、利益幅を増やす工夫をしたりと、経営のやり方を見直す必要があります。

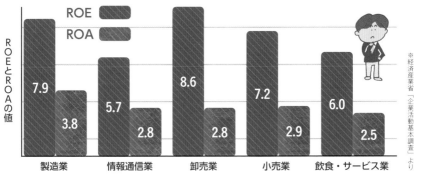

業種別のROEとROA

コストの構造に影響されないROEと ROAは、業種間の平均の差異が少なく、業種間での比較もしやすい。

	製造業	情報通信業	卸売業	小売業	飲食・サービス業
ROE	7.9	5.7	8.6	7.2	6.0
ROA	3.8	2.8	2.8	2.9	2.5

ROEとROAの値

※経済産業省「企業活動基本調査」より

用語解説　*安全性（財務の健全性）＝事業活動を継続していくための、会社の財務上の支払能力のことを指す。収益性、成長性と並んで、財務分析の方法のひとつになる。

会社の 損益分岐点 が見えてくる！

「売上高」に対して「変動費」が高すぎる…？

損益計算書

自○○年4月1日 至○○年3月31日　　　　（単位：円）

売上高		1,000,000
売上原価		700,000
売上総利益		300,000
販売及び一般管理費		
給料	200,000	
支払家賃	70,000	
減価償却費		
貸倒引当金繰入		
営業利益		
営業外収益		
受取利息		
有価証券利息		
有価証券売却益	6,000	
受取配当金	8,000	30,000
営業外費用		
支払利息	1,000	

売上高に比べて「変動費」である売上原価が高く、人件費も高い

変動費を代表するのは売上原価である。

📁 いっこうに黒字にならないラーメン店

　どれだけ売れれば儲けが出るかがわからなければ、商売は成り立ちません。失敗例をひとつ取り上げてみましょう。

　ラーメン好きがこうじて、脱サラしてラーメン店を開業することとなったＴさん。好立地に店舗も構え、高級素材を吟味（ぎんみ）して納得の味も生み出し、いよいよ開店の運びとなりました。ラーメン一杯600円と近隣店並みであり、味のよさが口コミで評判を呼び客足も順調で、平均して1日100人程度でした。しかし、手もとの資金は減るばかりでいつまでたっても黒字になりません…。

プラス情報　会社の創業時は損益分岐点売上高に達するまでは時間がかかるもの。利益の出る売上高である損益分岐点を超えれば、安定的な経営が可能になるのが一般的である。

　どれだけ売り上げれば黒字になるのかを知るためには、「損益分岐点売上高」を計算する必要があります。**損益分岐点とは、"売上と経費がつり合う点" ということ**になり、損も出ないが、儲けも出ない売上高を意味します。損益分岐点売上高を求める計算式は次のようになります。

$$●損益分岐点売上高 ＝ 固定費 ÷ \left(1 - \dfrac{変動費}{売上高}\right)$$

採算ラインは1日120人

　Tさんのお店は高級素材を使用していたため、原価は420円とかなり割高であることがわかりました。アルバイトも2人雇っており、人件費と店舗の家賃などを含めた固定費は月60万円で、月商は150万円（25日営業）です。

　まずは、変動費[*]を原価420円×1日の客数100人×月の営業日25日より105万円と求めた上で計算式に当てはめると次のようになります。

$$60万 ÷ \left(1 - \dfrac{105万}{150万}\right) \quad \begin{array}{l}損益分岐点売上高\\ ＝ 200万\end{array}$$

　したがって、200万円の売上がなければ黒字にならないことになります。営業日を増やさず、今の経費のまま営業していくと、平均で1日134人以上の客が来ないと、採算はとれないということです。

損益分岐点のグラフ

損益分岐点のグラフは、損益分岐点より右側に売上高があるときに利益が生じ、左側にあるときは損失であるということをあらわしている。

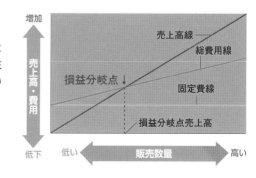

用語解説　[*]変動費＝販売量や生産量に応じて変化する費用のこと。原材料費である売上原価に加えて、販売手数料、発送費などが該当する。

会社にどれだけ余裕があるか？

　損益分岐点の考え方は、製造業や小売業でも同じことです。売上高と費用が一致した地点を意味し、損益分岐点を設定することで経営戦略も立てることができ、会社の存続も可能になってきます。

　損益分岐点売上高を使った**会社の余裕度を示す指標として、「安全余裕率」というものもあります。**ギリギリで会社を経営しているのか、それとも儲けがしっかり出ているのかがわかるものです。

$$●安全余裕率 = \frac{売上高 ー 損益分岐点売上高}{売上高} × 100$$

　安全余裕率がプラスで0％を超えていれば、儲けが出ている会社ということになります。一般的な会社の目安としては20％といわれており、**高ければ高いほど余裕をもった経営が行われている**ことになります。

変動費の多さを知る売上高変動費比率

　事業を行う上で不可欠な経費は、固定費と変動費に分けられ、それぞれの経営への影響は少し異なります。Tさんのラーメン店で考えると、アルバイトの人件費や店舗の家賃は固定費であり、売れ行きにかかわらず同じ額が発生します。したがって客が少し減れば大幅な減益や赤字になりやすいです。

　一方、麺やスープ、具材などの材料費である変動費が多い場合、売上が減れば、それに比例して変動費も下がるため利益への影響は少なくなります。少々客が少なくなっても耐えることができるわけです。

　売上高に対する変動費の比率のことを「売上高変動費比率（変動費率）」といい、次のように求められます。

$$●売上高変動費比率（変動費率）= \frac{変動費}{売上高} × 100$$

売上に対して損益分岐点売上高がどの位置にあるかをあらわす比率に、「損益分岐点比率」がある。損益分岐点比率は、損益分岐点を売上高で割ることで求められる。

　売上高変動費比率の平均は70～80％程度であり、これより低ければ経営環境の変化に弱い会社であると判断できます。

損益分岐点売上高を達成する方法

損益分岐点に達するためには、以下のような方法がある。

売上高を増やす

商品の宣伝や付加価値の高い商品の開発を行うことで、売上を増加させる。

固定費を減らす

人件費の削減や家賃の見直しなどによって、固定費を減少させる。

変動費を減らす

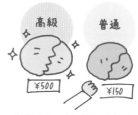

材料費のコストダウンや仕入費用の圧縮などにより、変動費を減少させる。

売上高変動費比率の平均

企業規模で売上高変動費比率の平均は異なってくる。大企業は、変動費が売上高に占める割合が大きい。

	小企業	中企業	大企業
1980年代	76.8%	81.8%	83.4%
1990年代	73.6%	79.9%	81.7%
2000年代	71.3%	78.9%	81.6%
2010年代	69.9%	77.9%	81.6%

損益分岐点の分析までの流れ

次のような流れで、会社の安全性を損益分岐点から見ていくことができる。

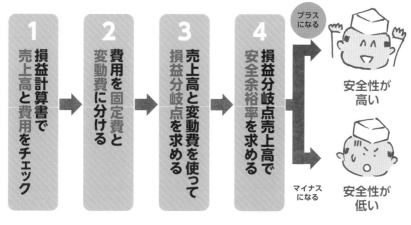

固定費の多い会社は、売上が少し増えただけで利益が一気に伸び、変動費の多い会社は利益の伸びる幅は少なくなる。したがって、会社の状況に応じて固定費と変動費を調整することが大事。

5-6 会社の 現金の比率 が見えてくる！

「売上高」は多いのに「営業CF」が少ない？

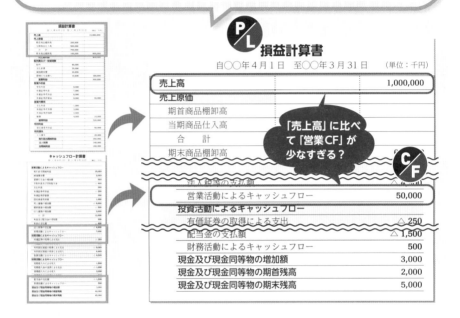

P/L 損益計算書

自○○年4月1日　至○○年3月31日　（単位：千円）

売上高		1,000,000
売上原価		
期首商品棚卸高		
当期商品仕入高		
合　計		
期末商品棚卸高		

「売上高」に比べて「営業CF」が少なすぎる？

C/F

法人税等の支払額		△
営業活動によるキャッシュフロー		50,000
投資活動によるキャッシュフロー		
有価証券の取得による支出		△250
配当金の支払額		△1,500
財務活動によるキャッシュフロー		500
現金及び現金同等物の増加額		3,000
現金及び現金同等物の期首残高		2,000
現金及び現金同等物の期末残高		5,000

売上は現金で回収できるとよい！

　売上高は高いのに営業キャッシュフローが少ないということは、売上高に占める現金が少ないことを意味します。極端なケースで説明すると、売上高は多くて決算書上でも利益が出ているのに、会社にはお金が全然ない…といったケースです。これは、**黒字倒産の典型的な例であり、会社の安全性にも疑問符が付くことになります。**

　売上高には、通常、売掛金や受取手形などの債権も含まれていますが、それらの債務者である会社が倒産してしまえば、当然ながら回収できま

キャッシュフローマージンは企業間での比較をする場合、キャッシュが基準となるため、棚卸資産の評価方法など会計方針による影響を考えなくてよいというメリットもある。

せん。ですので、収益性を追求するのであれば、売上高の大半が現金であるのにこしたことはないわけです。これを指標にしたのが「キャッシュフローマージン」です。

 ## キャッシュフローマージンの目安は10％

「キャッシュフローマージン」を式であらわすと、次のようになります。

$$\text{キャッシュフローマージン} = \frac{\text{営業キャッシュフロー}}{\text{売上高}} \times 100$$

キャッシュフローマージンは、売上が効率的にキャッシュを稼いでいるかがわかる指標、つまり、**売上高のうちどれだけを現金が占めているかをあらわす指標**であり、分子に営業利益を用いる「売上高営業利益率」（➡P159）のキャッシュフロー版と思っておけばよいでしょう。

キャッシュフローマージンの数値は高ければ高いほどよく、**なかなか現金化できない滞留在庫や、長期間回収できていない売上債権が多く発生すると悪化します。**また、固定費が売上高の伸び以上に増えてしまった場合にも悪化するもので、日本の会社であれば10％あれば優秀ともいわれています。

与信管理*では、キャッシュフローマージンと売上高営業利益率とを比較することも大事です。**もしもキャッシュフローマージンが極端に低い場合には、その会社は売上高重視の経営を行っている可能性があり、債権回収能力が低いことも考えられます。**

有名企業のキャッシュフローマージン

キャッシュフローマージンと営業利益率を比較してみる。消費者からの直接的な支払いを受ける情報通信のNTTの高さが際立つ。

	キャッシュフローマージン	営業利益率
NTT	25.2%	14%
トヨタ自動車	12.0%	8.2%
旭化成	5.8%	8.2%
アシックス	5.9%	−1.2%

※2020年発表の決算より

 用語解説 *与信管理＝取引先の情報を収集・分析し、安全な会社であるか、どのくらいの取引額まで可能なのかなどの判断を行うこと。会社の状態は刻々と変わるため、定期的な見直しが必要。

「売掛金」の金額が「売上高」に対して多すぎる？

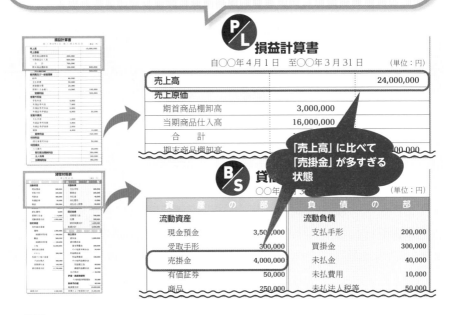

損益計算書

自○○年4月1日 至○○年3月31日 （単位：円）

売上高		24,000,000
売上原価		
期首商品棚卸高	3,000,000	
当期商品仕入高	16,000,000	
合　計		
期末商品棚卸高		

「売上高」に比べて「売掛金」が多すぎる状態

貸借対照表

○○年○月○日 （単位：円）

資 産 の 部		負 債 の 部	
流動資産		**流動負債**	
現金預金	3,500,000	支払手形	200,000
受取手形	300,000	買掛金	300,000
売掛金	4,000,000	未払金	40,000
有価証券	50,000	未払費用	10,000
商品	250,000	未払法人税等	50,000

儲かっているのに金払いが悪い

　「今年の業績は過去最高となる利益を達成する見込みです！」…なんて威勢のいいことをいう取引先の営業マンに出くわしたことはありませんか。でもそのような業績のよい会社であっても、代金の支払いを長引かせたりするような「金払いの悪い会社」がいるかもしれません。

　なぜ、儲かっているのにお金の払いが悪いのでしょうか？　それは、**儲かっていてもお金がないことがあるからです。**売上は商品を売りさえすれば計上することができ、利益とすることができます。売った相手が会社であれば、通常は1〜2か月ほど経たないとお金をもらうことがで

プラス情報　商売人の間では「現金商売は強い！」とよくいう。現金商売とは、毎日お金が入ってくる商売のことで、スーパーやコンビニなどのように多少赤字でも資金繰りに行き詰ることがない強みがある。

きないので、それまでは売掛金として計上されます。

　その後、約束どおり取引先がお金を支払ってくれれば何の問題もありませんが、いろいろといい訳をしてお金の支払いを長引かせたり、最悪の場合は相手が倒産してお金を回収できないことだってありえます。

　このような場合、**利益は出ているけど代金が回収されていない、つまり儲かっているけどお金がない**ということになるのです。

売掛金が回収できているかを調べる

　会社がきちんと売掛金を回収できているかを調べるには、**損益計算書の売上高を12か月で割った値（1か月あたりの売上高＝月商）と貸借対照表の売掛金の値を比較**してみてください。

$$●売掛金 ≒ 売上高 ÷ 12か月$$

　たとえば、左ページの決算書の例では、売上高が2,400万円なので、月商は200万円、売掛金は400万円と、売掛金が月商の倍あるため、適正な数値とはいえません。業種にもよりますが、売掛金を毎月きちんと回収できていれば、両者の値は近いものになるはずです。**もしも、何倍にも大きいようであれば、予定通り回収できていない売掛金が存在していることも疑ってみる必要があります。**

売上債権回転率	売掛金に加えて受取手形も含む売上債権の回収具合を知ることのできる指標。より正確に、企業の安全性をはかることができる。

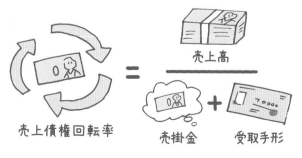

会社の売上高に対する売上債権（売掛金＋受取手形）の割合が、適正かどうかを見る指標。高ければ高いほど、スムーズに売上債権を回収できているということを示す。

A社の倒産でA社に売掛金のあったB社も倒産し、B社に売掛金があったC社も倒産…というように、売掛金が回収できないと次々に倒産を招くこともある。このことを連鎖倒産という。

会社の 債権回収 が見えてくる！②

どうしてこんなにも「貸倒引当金」があるの？

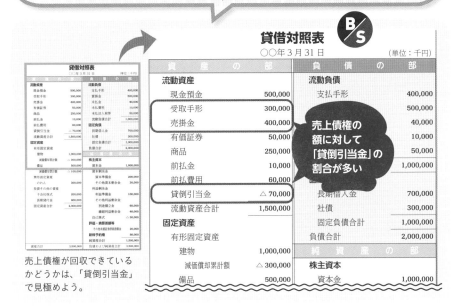

貸借対照表 B/S
○○年 3 月 31 日
（単位：千円）

資 産 の 部		負 債 の 部	
流動資産		**流動負債**	
現金預金	500,000	支払手形	400,000
受取手形	300,000		500,000
売掛金	400,000		40,000
有価証券	50,000		10,000
商品	250,000		50,000
前払金	10,000		1,000,000
前払費用	60,000		
貸倒引当金	△ 70,000	長期借入金	700,000
流動資産合計	1,500,000	社債	300,000
固定資産		固定負債合計	1,000,000
有形固定資産		負債合計	2,000,000
建物	1,000,000	**純 資 産 の 部**	
減価償却累計額	△ 300,000	**株主資本**	
備品	500,000	資本金	1,000,000

売上債権の額に対して「貸倒引当金」の割合が多い

売上債権が回収できているかどうかは、「貸倒引当金」で見極めよう。

📁 取引先の代金支払いが遅れはじめた！

　最近、取引先の支払いが遅れるようになってきたという営業マンＡさん。このままでは代金を回収できないおそれもあるよう。自分の会社の経理に話したところ、「すでに手を打っています」とのことでしたが…。

　どんな手を打ったかというと、**経理としてできることは貸倒引当金の計上しかありません。**貸倒引当金は売上債権のうち、回収する見込みがない分をあらかじめ示したものです。

　逆に考えれば、**貸倒引当金を見れば、どの程度その会社が売掛金などを回収できていないかがわかります。**当然、貸倒引当金が多すぎるよう

プラス情報　2011 年の税制改正により、貸倒引当金の繰入は、税務上は計上した全額が損金にはならないこととなった。ただし、中小企業と一部業種では損金としての算入が可能。

ならば会社の安全性にも疑問符が付くことになります。

貸倒引当金を逆算する

　貸倒引当金は、過去の経験則にもとづいて設定します。過去数年間の期末の売上債権の残高のうち、どの程度が回収できなかったのか、その割合を出して当期の貸倒引当金を計算します。つまり、**貸倒引当金を売上債権で逆算することによって、この数年間でこの会社では、どの程度の割合で売上債権を回収できなかったかを知ることができるわけです。**

- 貸倒引当金 ÷ 売上債権 ＝ 売上債権を回収できなかった割合

バブル崩壊で貸倒引当金が話題に

　1990年代後半、バブル経済の破綻で多くの会社が倒産の危機に瀕しました。そのとき銀行は、貸付金を回収できないおそれがあったため、本来は貸倒引当金を計上する必要がありましたが、利益の減少を嫌がって計上をためらっていました。その結果、**貸倒引当金の積立不足という問題**が生じました。この問題を解消するため、公的資金の投入で国が銀行を守ったことは記憶に残っている人も多いでしょう。このように、貸倒引当金の計上が企業の判断である以上、この数値だけで100％判断できませんが、安全性の目安になる数値といえます。

貸倒引当金を計上すると利益が減少

貸倒引当金を計上すると、その分だけ損益計算書に「貸倒引当金繰入」という費用が計上される。つまり、貸倒引当金を計上することで、その分だけ利益が減るしくみになっている。

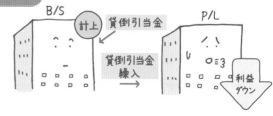

用語解説 ＊公的資金＝国などが民間企業に注入する資金で、経営状態が改善した段階で国に返還される。経営破綻のおそれのある金融機関や、官民合同経営の第三セクターなどに対して投入される。

会社の 支払能力 が見えてくる！①

「流動資産」よりも「流動負債」の方が多い…

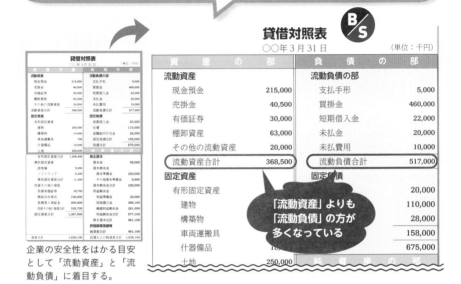

貸借対照表 B/S

○○年3月31日 （単位：千円）

資 産 の 部		負 債 の 部	
流動資産		**流動負債の部**	
現金預金	215,000	支払手形	5,000
売掛金	40,500	買掛金	460,000
有価証券	30,000	短期借入金	22,000
棚卸資産	63,000	未払金	20,000
その他の流動資産	20,000	未払費用	10,000
流動資産合計	368,500	流動負債合計	517,000
固定資産		**固定負債**	
有形固定資産			20,000
建物			110,000
構築物			28,000
車両運搬具			158,000
什器備品			675,000
土地	250,000	純 資 産 の 部	

「流動資産」よりも「流動負債」の方が多くなっている

企業の安全性をはかる目安として「流動資産」と「流動負債」に着目する。

流動比率で短期の支払能力がわかる！

　取引先が、お金をもっている会社かどうかを知っておくことは、とても重要なことです。もしも取引先がお金をもっていなければ、商品代金を支払ってくれなかったり、最悪は倒産したりということにもなりかねません。特に新しく会社と取引を開始するときや急な取引の際は、この点についてしっかりと確認しておく必要があります。

　取引における支払能力があるかどうかを知るための方法として、「流動比率」という指標があります。**流動比率を求めるには、貸借対照表（B/S）の流動資産と流動負債を用います。**この２つの金額を見る上では、

プラス情報　安全性は、流動比率の変化にも着目。流動比率が急激に低下しているときは、まさに危険信号が点滅しているといえる。実際に倒産した会社の多くは、流動比率が倒産直前に急落している。

流動比率を求める前に、流動資産と流動負債のどちらが多いかということとに着目します。

　仮に流動資産よりも流動負債の方が多かったとしましょう。単純に考えて資産よりも負債の方が多ければ、よい財務状況ではありません。流動資産、流動負債も同様であり、**流動資産よりも流動負債の方が多ければ、短期的な支払能力は劣る**と判断できます。

　流動比率は、流動資産を流動負債で割ることにより、短期的な支払能力と安全性を具体的な数字として示すことができます。

$$●流動比率 = \frac{流動資産}{流動負債} \times 100$$

　この数値が多ければ多いほど、短期的な支払能力に優れるということになります。

　流動資産が流動負債の２倍であれば計算上は200％、３倍であれば300％になります。一方、**流動資産よりも流動負債が多ければ、100％を切る**ことになります。

流動比率の計算　ある会社の具体例で、流動比率を計算してみよう。

貸借対照表			
流動資産	10,000	流動負債	8,000
現金預金	900	支払手形	2,000
受取手形	3,000	買掛金	2,000
売掛金	2,500	未払金	2,500
棚卸資産	3,600	未払費用	1,500

流動資産合計が**10,000**、流動負債合計が**8,000**で計算する。

$$● 流動比率（％） = \frac{10,000}{8,000} \times 100 = 125\%$$

流動比率 125%

プラス情報　安全性を判断する際には、短期的に見て安全であるかという視点と、長期的に見て安全であるかという視点の両面から判断することが大事。流動比率は前者の視点を代表する指標となる。

流動比率が100%を上回るかどうかが決め手に

　流動比率が100％を下回っている取引先は、**危険信号**を発していると考えてよいでしょう。流動資産は、現金そのものあるいは1年以内に現金化される資産であり、流動負債は1年以内に支払わなければならない借金です。**流動比率が100％を下回るということは、1年以内に資金が足りなくなる、資金ショートを起こす可能性がきわめて高い**といえます。取引先で流動比率が100％を下回っているようであれば、商品を販売してもその代金を支払ってもらえなくなるかもしれないことも覚悟する必要があります。

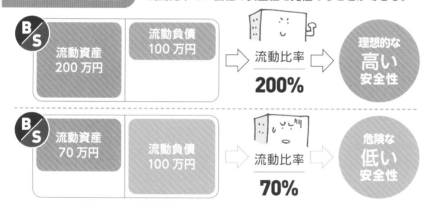

流動比率による安全性　流動比率で、会社の安全性を見極めることができる。

B/S
流動資産 200万円 ／ 流動負債 100万円 ⇒ 流動比率 **200%** ⇒ 理想的な **高い** 安全性

B/S
流動資産 70万円 ／ 流動負債 100万円 ⇒ 流動比率 **70%** ⇒ 危険な **低い** 安全性

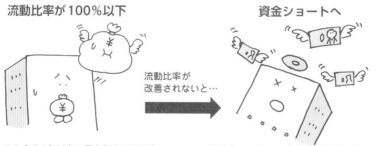

流動比率100%以下の会社　流動比率100％以下の会社は、資金ショートを起こす可能性がある。

流動比率が100%以下　　　　　　　　　**資金ショートへ**

流動比率が改善されないと…

手もとのお金や1年以内に現金化される資産よりも、1年以内に出て行くお金の方が多い。

仕入先への支払いや借入金返済のためお金がなくなり、会社の存続が困難に。

186　**用語解説**　*資金ショート＝会社の資金が枯渇して、支出のための資金繰りがどうにもならなくなること。つまり、倒産の危機が直前まで迫っていることを意味する。

流動比率は万能ではない

　日本の上場企業の流動比率の平均値は120％程度です。理想は150％～200％ともいわれています。

　少なくとも流動比率は100％を上回ることが望ましいですが、業界によって違いはあります。たとえば現金を扱うスーパーなどの小売業では、毎日の売上として現金が入ってきます。ですので、流動比率が100％を下回っていたとしても、急な資金ショートを起こしづらい面もあります。

　また**流動資産には、現金以外にもさまざまな資産が含まれており、なかには棚卸資産のようなものもあります**。棚卸資産は、販売するための商品や製品、つくりかけの仕掛品、原材料などのことであり、お金が急に必要な場合でも、決算書に記載されている額面通りに売れるとは限りません。つまり、現金や有価証券などに比べれば圧倒的に換金しづらい資産であるといえます。

　そして、**換金できなかった場合には、実際の安全性は数値以上に低下する可能性があり、その点も考慮しておく必要**があります。

　すなわち、流動比率が高いからといって、すべてを信じてよいというわけではなく、当座比率（➡P188）などのほかの指標も組み合わせることで、より正確な判断が可能になります。

流動資産の中身と換金性　流動資産には、次のようなものがある。

資産の種類	内容	換金性
現金預金	手もちの現金および、すぐに引き出すことのできる銀行などの預金。	◎
有価証券	数日後には確実に換金できる**株式や債券**など。	○
売上債権	得意先との取引で発生した債権を指し、**売掛金と受取手形**とが含まれる。	△
棚卸資産	商品や製品、材料、仕掛品（つくりかけの商品・製品）の在庫。売ることにより換金。	△
その他の流動資産	取引先などへの短期貸付金など。	△

プラス情報　一般消費者を相手に商品を販売するスーパーやコンビニなどの小売業は、代金をあとで回収するということがない商売なので、本業が赤字でない限り、ほかの業種に比べると資金繰りは楽になる。

会社の 支払能力 が見えてくる！②

「当座資産」よりも「流動負債」が多くていいの？

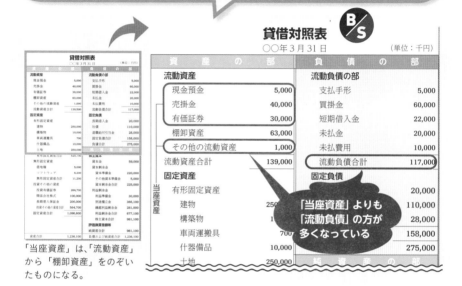

貸借対照表 B/S
○○年 3 月 31 日 （単位：千円）

資　産　の　部		負　債　の　部	
流動資産		**流動負債の部**	
現金預金	5,000	支払手形	5,000
売掛金	40,000	買掛金	60,000
有価証券	30,000	短期借入金	22,000
棚卸資産	63,000	未払金	20,000
その他の流動資産	1,000	未払費用	10,000
流動資産合計	139,000	流動負債合計	117,000
固定資産		**固定負債**	
有形固定資産			20,000
建物	250,000		110,000
構築物			28,000
車両運搬具	700		158,000
什器備品	10,000		275,000
土地	250,000	純　資　産　の　部	

「当座資産」よりも「流動負債」の方が多くなっている

「当座資産」は、「流動資産」から「棚卸資産」をのぞいたものになる。

短期的な支払能力をより厳密に示す

　当座資産とは、現金預金、売掛金、受取手形、有価証券、未収金などの、ある程度すぐにお金に変えられる資産を指します。**この当座資産よりも流動負債の方が多ければ、目先の会社の安全性は疑問符が付くことになります。** 1 年以内に100万円を返済しなければならないのに、資産が50万円しかないようでは、とてもではありませんが安心できません。

　この**安全性をあらわした指標が、当座比率です。** 流動比率（➡P184）と同じように、分母に流動負債がくる当座比率は、次の式であらわすことができます。

用語解説 ＊棚卸資産＝材料やつくりかけの仕掛品、商品などのこと。消費者などに売るという段階を経てはじめてお金にすることができるので、ほかの流動資産よりも換金性に劣る。

$$\text{当座比率} = \frac{\text{当座資産}}{\text{流動負債}} \times 100$$

流動比率との違いは、**ほかの流動資産と比べて換金性のよくない**[*]**棚卸資産を除くことで、より厳密な会社の短期的な支払能力を見ることができる点です。**

 ## 実際の平均は80%程度

負債よりも資産が上回っていた方がもちろん安心なので、**当座比率も100％を超えていることが本来は望ましいです。**

ただし、流動比率よりも条件が厳しいこともあり、実際の日本企業の平均は、80％程度となっています。ですので、これ以上であれば、平均レベルの安全性であると考えられます。

仮に100％を超えていても、「当座資産＝現金ではない」ことが落とし穴です。売掛金などの債権は、取引先の倒産で回収できない可能性もあるため、資産がどの程度安全なのかまで調べておく必要があります。

当座比率と流動比率との違い 流動比率で見るか、当座比率で見るかで、安全性の厳密さは違ってくる。

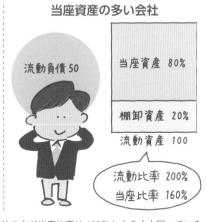

流動比率は同じであっても、当座資産の多い右の会社の方が当座比率は160％と大きく上回っている。

 当座資産では、預金は現金とほぼ同じ扱いだが、担保預金など債権の担保として拘束されている預金といった、短期の支払いに使えない資産には注意が必要となる。

会社の 借金 が見えてくる！

「純資産」よりも「借金」が多いけど大丈夫？

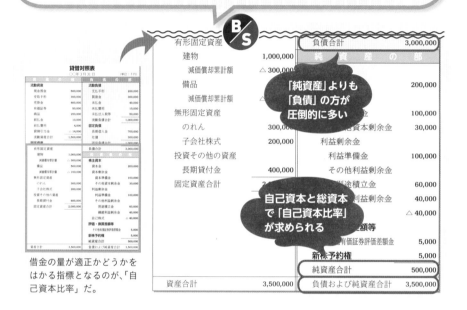

貸借対照表
○○年3月31日 (単位：千円)

| 有形固定資産 | | 負債合計 | 3,000,000 |

建物	1,000,000	純 資 産 の 部
減価償却累計額	△300,000	
備品			200,000
減価償却累計額	△	
無形固定資産			100,000
のれん	300,000	資本剰余金	30,000
子会社株式	200,000	利益剰余金	
投資その他の資産		利益準備金	100,000
長期貸付金	400,000	その他利益剰余金	
固定資産合計		剰余金	60,000
		利益剰余金	40,000
			△40,000
		額等	
		有価証券評価差額金	5,000
		新株予約権	5,000
		純資産合計	500,000
資産合計	3,500,000	負債および純資産合計	3,500,000

「純資産」よりも「負債」の方が圧倒的に多い

自己資本と総資本で「自己資本比率」が求められる

借金の量が適正かどうかをはかる指標となるのが、「自己資本比率」だ。

 ## 借金が増えれば会社は潰れる

　いつの時代も会社というものは、資金に行き詰まって倒産したり、他社に支援を求めて経営権が移ったりすることがあります。

　社会に大きなインパクトを与えた事例として、山一證券の倒産やダイエーの**身売り***などがありました。ほかにも、格安航空会社の旗手であったスカイマークの自主再建断念なども印象に残る事例です。

　会社は売上が減少し、思うようにお金が入ってこなくなってしまうと、商品代金や給料の支払いができなくなってしまうので、銀行から借入れ

***身売り**＝会社の身売りとは、会社の権利や施設などをすべてほかの会社に売り渡す、企業の売却のことをいう。経営戦略や企業再生を実現するための手段として行われる。

を行ったり、大きな会社だと社債などを発行してお金を調達します。

しかし、**借りられるお金には限度があります。**銀行などがお金を貸してくれなくなったときに、会社は潰れるのです。

 会社の借金が危険水域に入った

会社の借金が適正な範囲内なのか、危険水域に入っているのかを示す指標として、「自己資本比率」があります。自己資本比率は総資本に対する負債の割合のことであり、式で示すと次のようになります。

$$\bullet 自己資本比率 \ = \ \frac{自己資本}{総資本} \ \times \ 100$$

自己資本比率が高いということは、その会社は返済不要の資本を元手に事業を行っていることを意味します。借入金にともなう利子の支払いもないため、**自己資本比率が高ければ高いほど経営が安定することになります。**

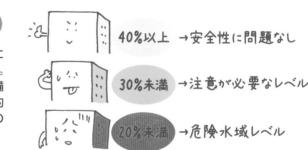

自己資本比率の目安

業種にもよるが、一般的には右のような基準が目安。借入れを行って巨額の設備投資をしたときには一時的に低下するので、数年間の推移で判断する。

40%以上 →安全性に問題なし

30%未満 →注意が必要なレベル

20%未満 →危険水域レベル

銀行の自己資本比率

銀行の場合、預金を企業などに貸し出すことが業務であり、預金は負債に相当する。よって、一般の企業に比べて負債が多額なので、自己資本比率はとても低い。ただし、ある一定の率を超えていなければならないという、右のような規制がある。

●国内業務のみ 行う銀行 ⇨ 自己資本比率 4%以上が必要

●海外業務も 行う銀行 ⇨ 自己資本比率 8%以上が必要

 自己資本は純資産のうちの株主資本だが、純資産に株主資本以外の項目は存在しなかったり、金額がわずかということも多いので、その場合は、自己資本＝純資産ととらえても問題ない。

自分のお金で買う？　借金して買う？

　個人で考えても、たとえば車のような大きな買い物をする際に、自分で貯めていたお金で買う人もいれば、ローン（借金）を組んで買う人もいます。ローンを組んでも、きちんと返済できて日常生活に支障をきたさなければ問題はありませんが、生活が苦しくなったり、返済できなくなる可能性もあります。

　そのため、安全性を考えれば、買い物はできるだけ自己資金でまかなうことが望ましいといえます。これは、会社の場合も同じです。

固定比率で長期安全性を見る

　会社での大きな買い物といえば、建物や設備などの固定資産の購入であり、できれば返済の必要のない自己資金で購入することが理想的です。固定資産に投入した資金は、長い期間かけて回収されるものだからです。それにもかかわらず、**回収より短い期間で返済しなければならない借金が含まれていれば、資金繰りで窮する**ことも想像にかたくありません。

　製品をつくる工場であれば、いつ何時、市場環境が変わらないとも限りません。シャープの亀山工場などがよい例です。2000年代に液晶テレビのブランド「亀山モデル」を生み出して一世を風靡しましたが、市場の変化にともない、結局6年あまりで一部の施設が操業停止に追い込まれました。こういったケースでも、自己資金ならば素早い再起も考えられます。

　そこで**固定資産を過剰な借入金で購入していないかを明らかにするための指標として、「固定比率」が用いられます。**固定比率を式で示すと、以下のようになります。

$$\text{固定比率} = \frac{\text{固定資産}}{\text{自己資本}} \times 100$$

　固定比率は、**100％を下回れば固定資産がすべて自己資本でまかなえ**

 固定比率が120％以上だと設備投資が過剰であるともいわれるが、急激な技術革新により新商品が次々と出てくる昨今は、設備投資を行わなければ競争に勝ち残れないという面もある。

ていることを意味し、長期的に見ても安全な会社ということができます。一方、100％を上回れば上回るほど、借金に頼っていることになります。

設備投資の適性度で見る固定比率の目安

固定比率が100％より小さいということは財務的には健全といえるが、設備投資の面から見ると、100％より小さい場合は設備投資が消極的であることも考えられる。

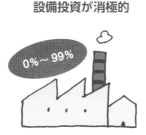

設備投資が消極的

0％～99％

設備投資が適性

100％～120％

固定長期適合率で借金の適正性を見る

　しかし、固定資産を自己資本だけでまかなえるのは、わずかな超優良企業に限ります。そこで、**自己資本に固定負債を加えた金額で、どれだけ固定資産をまかなえているかを見る指標も重要です。それが固定長期適合率です。**

$$●固定長期適合率 \;=\; \frac{固定資産}{自己資本\;+\;固定負債} \times 100$$

　固定負債は長期間での返済が可能なため、自己資本にはおよばないまでも安全性は高いとされており、**この数値が100％を下回れば、長期安全性に問題がない会社と判断**することができます。

固定長期適合率が 100％を上回るケース

固定長期適合率が100％を上回るということは、固定資産の購入に流動負債も用いていることになる。流動負債は1年以内に返済をしなければならないものなので、流動負債を返済するためには固定資産を切り売りしなければならない可能性も出てくる。

100％以下

100％超え

固定長期適合率が100％を超えると、「安全性」は低くなる。

プラス情報　固定比率と固定長期適合率を見る際は固定資産の中身まで確認しておきたい。投資有価証券などの換金性の高い資産が多ければ、実際の比率よりも安全性は高くなる。

会社の 余裕度 が見えてくる！

「利益剰余金」が多いのはいい会社？

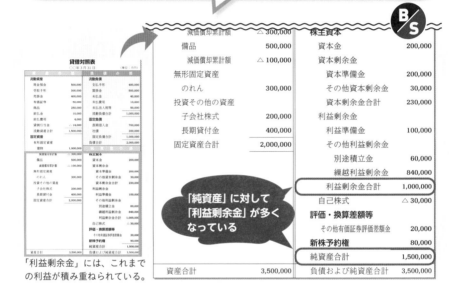

B/S

		株主資本	
減価償却累計額	△ 300,000		
備品	500,000	資本金	200,000
減価償却累計額	△ 100,000	資本剰余金	
無形固定資産		資本準備金	200,000
のれん	300,000	その他資本剰余金	30,000
投資その他の資産		資本剰余金合計	230,000
子会社株式	200,000	利益剰余金	
長期貸付金	400,000	利益準備金	100,000
固定資産合計	2,000,000	その他利益剰余金	
		別途積立金	60,000
		繰越利益剰余金	840,000
		利益剰余金合計	1,000,000
		自己株式	△ 30,000
		評価・換算差額等	
		その他有価証券評価差額金	20,000
		新株予約権	80,000
		純資産合計	1,500,000
資産合計	3,500,000	負債および純資産合計	3,500,000

「純資産」に対して「利益剰余金」が多くなっている

貸借対照表

「利益剰余金」には、これまでの利益が積み重ねられている。

 会社の過去の生き様がわかる！

　長年きちんと仕事をして、それなりに出世もして、たくさんお給料を稼いだ人は、預金や不動産などの資産をもっていることが多いですよね。なかには「金は天下の回りもの」と、派手な生活やムダづかいをして、貯金や資産もまったくない人もいるでしょうが…。会社も同じです。これまでにしっかりと利益を積み重ね、ムダづかいをしていなければ、会社に相応の資産が残っていることになります。**会社がこれまで稼いだ利益のうち、使われずに残っている金額が、貸借対照表の純資産の部の「利益剰余金」**（➡ P80）です。

プラス情報 利益剰余金のことを内部留保といいますが、近年、内部留保に税金を課そうという動きがある。企業が溜め込んでいるお金を設備投資に回してもらい、景気をよくすることがねらいだ。

利益剰余金が多ければ安全性は高い！

　利益剰余金がたくさんあるということは、相応の資産が会社に存在することになります。したがって、その会社の安全性は高いといえます。

　利益剰余金がどの程度あるかを示す指標として用いられるのが、「**利益剰余金比率**」（あるいはたんに**剰余金比率**）という指標で、会社の安全性をはかる指標のひとつにあげられるものです。利益剰余金比率は、総資本に占める利益剰余金の値のことであり、式で示すと次のようになります。

$$ \text{●利益剰余金比率} = \frac{\text{利益剰余金}}{\text{総資本}} \times 100 $$

　自己資本比率（➡P191）に加えて、この利益剰余金比率を用いることによって、倒産しそうな会社なのか、安心して取引できる会社なのかをより正確に判断することができます。**つぶれることのない優秀な会社、安全性の高い会社の目安は、自己資本比率同様40％以上**です。

　利益剰余金比率が高いほど、月あたりの売上高に占める現金・預金や短期保有目的有価証券が多い（**手元流動性比率**）という傾向もあります。つまり、より換金性の高い資産が多いということであり、安全性はさらに確実なものとなります。

増加傾向の利益剰余金比率

日本の会社の利益剰余金比率は、ここ10年間で大きく上昇している。その理由は、企業業績の改善により利益が増加し、その結果、利益剰余金が増加したためである。

利益剰余金比率が高いことは、会社にとって歓迎すべきことだが、従業員に還元することを求める声も出てくる。

 用語解説 ＊手元流動性比率＝手もとにある現金と預金の残高と、換金可能な有価証券との合計額を月商で割った指標。倍率であらわされ、短期的な資金の余裕度を示す。

会社の 倒産可能性 が見えてくる！

「利益剰余金」がマイナスになっている…

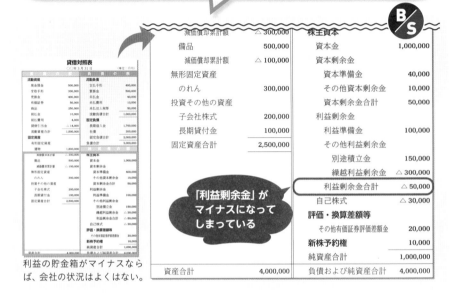

		株主資本		
減価償却累計額	△ 300,000			
備品	500,000	資本金		1,000,000
減価償却累計額	△ 100,000	資本剰余金		
無形固定資産		資本準備金		40,000
のれん	300,000	その他資本剰余金		10,000
投資その他の資産		資本剰余金合計		50,000
子会社株式	200,000	利益剰余金		
長期貸付金	100,000	利益準備金		100,000
固定資産合計	2,500,000	その他利益剰余金		
		別途積立金		150,000
		繰越利益剰余金		△ 300,000
		利益剰余金合計		△ 50,000
		自己株式		△ 30,000
		評価・換算差額等		
		その他有価証券評価差額金		20,000
		新株予約権		10,000
		純資産合計		1,000,000
資産合計	4,000,000	負債および純資産合計		4,000,000

「利益剰余金」がマイナスになってしまっている

利益の貯金箱がマイナスならば、会社の状況はよくはない。

赤字が何度も生じている!?

　営業マンのYさんは、新規の会社と取引するにあたって、その会社の決算書を入手しました。損益計算書を見ると当期純利益が赤字になっていたので、担当者にたずねたところ、「たまたま赤字になっただけで、今期は問題ありません」とのことでした。しかし、貸借対照表の利益剰余金を見たら、当期純利益の赤字を上回る金額の利益剰余金のマイナスが…。過去の利益の蓄えが利益剰余金ですが、**利益剰余金がマイナスになっているということは、会社の安全性に大きくかかわる状況であるといえます。**

プラス情報　利益剰余金がマイナスになったとき、真っ先に被害を被るのが株主であるといえる。株主の配当金は利益剰余金から捻出されるため、利益剰余金がマイナスの場合は配当金はカットされる。

欠損金が増えれば倒産へ

　利益剰余金が、当期純利益の赤字を上回るマイナスであれば、単年度の赤字だけではないことを示しています。一度や二度の赤字であれば、それまで蓄積されてきた利益で利益剰余金のマイナスは解消されるはずですが、**利益剰余金がマイナスのままということは、過去に何度も赤字になっていた可能性が高いです。**

　したがって、その会社の経営は間違いなくうまくいっていないはずです。このままの状態が続けば資産が減っていき、最終的には商品代金や給料の支払いができなくなり、倒産してしまうのは目に見えています。

　JAL（日本航空）が会社更生法（➡P199）を適用し、支援を受けて再生したという事例があります。一般の会社としては最大規模の負債を抱えて倒産したJALですが、会社更生法を適用した年の貸借対照表は、利益剰余金が200億円ほどのマイナスとなっていました。このような状態の会社と取引を行わなければならないのであれば、商品を販売した際の代金の支払いの管理は、通常以上にきっちり行うべきでしょう。

　なお、**利益剰余金のマイナスを、欠損金と呼びます。**欠損金があるということは、それだけで会社の経営状況を疑う必要があるのです。

利益剰余金がマイナスのときの対策

利益剰余金のマイナスをプラスに戻したり、マイナス幅を縮小するには次のような方法がある。

1 利益の出る体制への転換

経営の体質を変えて利益が出る体制づくりをする。長い目で見ると不可欠な対策といえる。

2 資本剰余金で穴埋め

資本剰余金を用いて利益剰余金の穴埋めをする。一時的な対策といえる。

用語解説 ＊欠損金＝当期純損失の累計をあらわし、会社が赤字体質であることを示すもの。この状態が悪化すると債務超過となる。

利益剰余金のマイナスがさらに悪化

　利益剰余金のマイナスがさらに悪化すると、マイナスの幅が資本金や資本剰余金の合計をも上回ってしまうことになります。

　資本金と資本剰余金の合計が200万円であるのに対して、利益剰余金のマイナスが300万円だとすると、マイナスの方が100万円多くなり、その結果、純資産がマイナスになってしまいます。

		B/S	
減価償却累計額	△ 100,000	負債合計	,000
無形固定資産		**純　資　産　の　部**	
のれん	10,000	**株主資本**	
子会社株式	20,000	資本金	1,000,000
長期貸付金	10,000	資本剰余金合計	1,000,000
固定資産合計	200,000	利益剰余金合計	△ 3,000,000
		純資産合計	△ 1,000,000
資産合計	500,000	負債および純資産合計	500,000

　この状態が債務超過です。債務超過という言葉は、ニュースや新聞などで見聞きしたことがあるでしょう。債務とは負債のことと思えばいいので、**債務超過というと、負債が資産を上回っている状態のことをいうわけです。**

　貸借対照表の形であらわすと次の表ⒶⒷのようになります。

債務超過の貸借対照表Ⓐ

債務超過の貸借対照表Ⓑ

　実際は上図Ⓐのように、純資産のマイナスは貸借対照表の右側にマイナス表示でのせますが、左にもっていくとプラスであらわすことができるので、上図Ⓑのような形でも表現できます。

債務超過から脱却する方法には、増資して資本金を追加したり、金融機関に借金の棒引き（免除）をしてもらう債務免除などがある。いずれも経営体質の改善が必要だ。

　図からも読み取れるように、純資産がマイナスということは、負債が資産を上回っている状態であるということが理解できると思います。

債務超過での影響

すでに負債が資産を上回っているので、資産をすべて売却しても負債を返済しきれない。個人でいうところの自己破産とほぼ同じ状態と考えることもできる。

銀行との関係

銀行は新規の融資を行ってくれなくなる。

株主との関係

企業を清算すれば、残余資産がないため、株主の取り分はない。

債務超過と倒産の違い

必ずしも、債務超過＝倒産というわけではないが、債務超過になってしまったら、いずれ倒産する可能性は高くなる。

倒産 ≒ **債務超過**

支払うお金もなく、経営できない状態。

何か有効な手を打てば最悪の事態は避けられる状態。

倒産後に再建するケース

会社の倒産後、再建を目指す場合には、次のようなケースが考えられる。

「会社更生法」の適用

規模の大きい会社の手続き。会社の財産の処分はすべて管財人主導で進められ、債権者が関与することは認められない。経営責任を明確にして、経営陣を総退陣させることが前提。

「民事再生法」の適用

利害関係者が少ない場合での手続き。会社が主導して再建を行い、経営陣がそのまま残って再建を行うことも可能。

プラス情報　決算書上は問題なくても、保有する資産価値が大幅に下がっていて、実質的には債務超過であるというケースもある。この場合、資産の価値を調べることで判断するしかない。

5-14 会社の 粉飾 が見えてくる！

「売掛金」が異常に 増えているけど大丈夫？

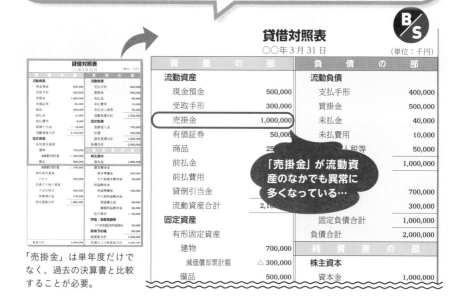

貸借対照表
○○年3月31日

(単位：千円)

資 産 の 部		負 債 の 部	
流動資産		**流動負債**	
現金預金	500,000	支払手形	400,000
受取手形	300,000	買掛金	500,000
売掛金	1,000,000	未払金	40,000
有価証券	50,000	未払費用	10,000
商品		人税等	50,000
前払金			1,000,000
前払費用			
貸倒引当金			700,000
流動資産合計	2,1		300,000
固定資産		固定負債合計	1,000,000
有形固定資産		負債合計	2,000,000
建物	700,000	純 資 産 の 部	
減価償却累計額	△ 300,000	**株主資本**	
備品	500,000	資本金	1,000,000

「売掛金」が流動資産のなかでも異常に多くなっている…

「売掛金」は単年度だけでなく、過去の決算書と比較することが必要。

粉飾決算を行う企業

いつの時代も決算書をごまかして、自分の会社の利益がたくさんあがったかのごとく見せかけるインチキ、すなわち粉飾決算を行う経営者がいるものです。どうして企業は不正会計をするのでしょうか。

目的は経営状態の悪化を隠すためであり、銀行からの融資の打ち切りや仕入先との取引解消をおそれての行為です。建設業ならば、経営状態が悪ければ公共工事への入札資格を失います。つまり、仕事を失うことになるわけです。上場企業であれば、株価を維持するため、また支店単位での成績維持のため不正会計を行うケースもあります。東芝やオリ

用語解説 ＊粉飾決算＝赤字を黒字に見せかけること。黒字を赤字に見せかける場合は逆粉飾といい、たとえば中小企業が黒字により税金を支払うことを避けるために行われる。

ンパスなどの超一流企業も過去に粉飾決算（不正会計）が発覚し、連日ニュースで取り扱われました。

もっともカンタンな見抜き方

粉飾決算でもっとも多い手口が、売上の架空計上です。ありもしない売上があったことにして、売上とそれにともなう売掛金を増加させるというものです。売掛金を計上してもウソの売掛金ですから、いつまで経っても入金があるはずはありません。

ですから、**毎年、売上の増加以上に売掛金が増加しているようであれば、粉飾決算の可能性を疑ってみる必要があります。**目安として売上債権回転率（➡P181）の分析も有効です。

子会社を使った粉飾決算

子会社を使った粉飾決算もよくある手口です。**親会社が子会社に商品を販売したことにして、売上を計上するものです。**この場合、親会社の決算書の利益はよくなるでしょうが、企業グループ全体で考えてみると、モノが親会社から子会社に移っただけの話ですから、全体としての利益はまったく生じていないことになります。このような手口の粉飾決算を防ぐために、連結決算（➡P236）制度が導入されているわけです。

粉飾決算のおもな手口	粉飾決算の手口にはさまざまな方法があるが、代表的なものは次の3つとなる。	
	売上の過大計上	実体がない企業に販売実績を仮装するなど、架空の売上を計上することで利益を膨らませる。
粉飾決算	**不良在庫を過小に計上**	評価減を少なく見積もることで損失の発生を抑え、利益をつくり出す。
	子会社や関連会社の利用	「飛ばし」と呼ばれる損失や赤字を子会社に押し付ける方法や、関連会社同士で売上を回す循環取引など。

プラス情報 アメリカで起きたエンロン事件、ワールドコム事件が粉飾決算の事件として世界的に有名。それぞれ2001年と2002年に巨額の粉飾決算が明るみになり、破綻に追い込まれた。

会社の 将来性 が見えてくる！

「研究開発費」が増えているのはなぜ？

損益計算書 P/L

自○○年4月1日　至○○年3月31日　（単位：千円）

売上高		1,000,000
売上原価		
期首商品棚卸高	200,000	
当期商品仕入高	500,000	
合　計		
期末商品棚卸高		600,000
売上総利益		400,000
販売費及び一般管		
給料	40,000	
支払家賃	30,000	
減価償却費	20,000	
研究開発費	30,000	120,000
営業利益		280,000
営業外収益		
受取利息	9,000	

> 売上高に比べて「研究開発費」が多くなっている

「研究開発費」は、有価証券報告書では「事業の状況」の項目で明らかにしている。

（左側：小さい損益計算書の画像）

📁 研究開発の結果こそが売上増につながる

「下町ロケット」というTVドラマが人気になったのを覚えているでしょうか？　技術屋の中小企業の社長が、会社経営に苦しみながらもロケット部品の開発に力を注ぎ、最終的にはそれが大企業との取引につながり、業績を飛躍的に伸ばすことができたというストーリーです。

製造業の会社であれば、**会社を成長させるために研究開発は必要不可欠です。**研究開発を行って、新たな素材や製品を生み出し、それが世の中に受け入れられれば、売上をグンと伸ばすことができるからです。

そのような成長の可能性を秘めている会社は、決算書の売上高と研究[*]

用語解説 ＊研究開発費＝人件費、原材料費、固定資産の減価償却費など、従来にはない商品やサービスの研究開発のために使われたすべての原価が含まれる。

開発費に明確にあらわれてきます。数期分の損益計算書を比較して、**売上高も研究開発費もともに増加傾向にあるようであれば、その会社はしっかりと研究開発を行っていて、売上に結び付く成果も出している**といえます。

 ## 売上高に占める研究開発費の割合が大事

売上高に占める研究開発費の割合のことを売上高研究開発費率といいます。 式で示すと、次のようになります。

$$●売上高研究開発費率 = \frac{研究開発費}{売上高} \times 100$$

売上高研究開発費率を業界平均や過去の値と比較することによって、その会社の今後の成長性を知ることができるのです。

売上高研究開発費率の業種平均

製造業の売上高研究開発費率は高い。さらに細かな製造業の業種別でも平均が異なる。

2.9%

化学工業・精密機械

2.3%

電気機械

1.9%

一般機械他

研究開発のサイクル

研究開発費を投じて、競争力のある新商品を開発し、それが利益を生み、利益が次の研究開発費の原資となる。この好循環を持続することができるかが会社の成長のポイント。

研究開発

利益

新商品

サイクルのはじまりともいえる研究開発費を投じなければ、会社を成長させることはできない。

 プラス情報 トヨタの研究開発費は、燃料電池車やハイブリッド車などのエコカー開発などに巨額の資金が投入されており、年間でおよそ1兆円程度が使われている。これは日本一の金額だ。

5-16 会社の 設備投資 が見えてくる！

「固定資産」「減価償却費」の 多さは何を意味するの？

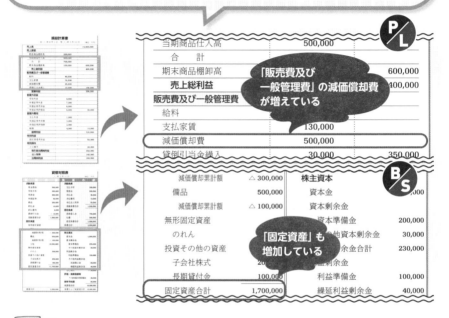

	P/L	
当期商品仕入高	500,000	
合　計		
期末商品棚卸高		600,000
売上総利益		400,000
販売費及び一般管理費		
給料		
支払家賃	130,000	
減価償却費	500,000	
貸倒引当金繰入	30,000	350,000

「販売費及び 一般管理費」の減価償却費 が増えている

		B/S	
減価償却累計額	△ 300,000	株主資本	
備品	500,000	資本金	
減価償却累計額	△ 100,000	資本剰余金	
無形固定資産		資本準備金	200,000
のれん		他資本剰余金	30,000
投資その他の資産		余金合計	230,000
子会社株式		剰余金	
長期貸付金	100,000	利益準備金	100,000
固定資産合計	1,700,000	繰延利益剰余金	40,000

「固定資産」も 増加している

店舗を増やせば売上が増える！

　セブンイレブンや吉野家、あるいはマクドナルドなど、全国津々浦々に店舗を構えている会社は、店舗を出せば出すほど売上高を増やすことができるので、店舗数を増やすわけです。製造業の成長性は、売上高と研究開発費で求める売上高研究開発費率（➡P203）で知ることができますが、**小売業や飲食・サービス業のような業種であれば、店舗への設備投資が増えているか否かで、成長性を知ることができます。**

　会社が設備投資を積極的に行っているかは、**損益計算書上では、減価償却費の増加に着目**します。数年分の損益計算書を見比べれば、拡張路

プラス情報　成長性の見方として、市場のシェアの獲得も重要な要素となる。仮に売上で前年比30％を達成したとしても、市場そのものが50％拡大していればシェアは低下したことになる。

線にある会社ならば、減価償却費がどんどん増えているはずです。各地に乱立するような人気の外食チェーンでは、減価償却費が倍増することも珍しくはありません。同時に**貸借対照表上では、建物や設備といった固定資産が増加し、キャッシュフロー計算書上では、投資キャッシュフローがマイナス**となります。

 ## 設備投資の成果を知るには？

　積極的な設備投資はプラス材料ですが、過剰な設備投資は会社の経営を圧迫します。設備投資がうまくいったか知るためには、「固定資産回転率」（➡P164）を用います。**固定資産回転率は、固定資産が有効に利用されているかを示す指標**であり、固定資産に投資しただけ売上があがっているかを見るためのものです。

$$●固定資産回転率 = \frac{売上高}{固定資産}$$

　設備投資の前後の固定資産回転率を比較して、設備投資後が高くなっていれば、その設備投資は成功したといえます。ただし、設備投資直後は、まだ売上につながっていないこともあるので、その点は考慮する必要があります。

　また、固定資産回転率のよし悪しをはかるには、**業種の平均と比べることが大切**です。固定資産をたくさん用いる製造業などは低くなり、大きな設備が必要ないサービス業などは高くなる傾向があります。

固定資産回転率から見る設備投資
固定資産回転率で、設備投資が適正であるかどうかの目安がわかる。

	流通業	製造業
不足している	12回転以上	8回転以上
理想的	5回転以上	2.5回転以上
過剰で危険水域	2回転以下	1回転以下

 プラス情報 設備投資は、企業の成長力となることはもちろん、日本経済全体にとっても大きなプラス材料だ。景気の浮揚をねらって、時の総理が設備投資の拡大を企業にうながしたこともあった。

5-17 会社の 蓄え が見えてくる！

「株主資本」が少ないと どんな影響が出るの？

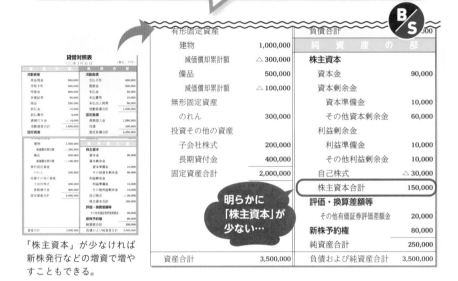

有形固定資産		負債合計	
建物	1,000,000	**純 資 産 の 部**	
減価償却累計額	△ 300,000	**株主資本**	
備品	500,000	資本金	90,000
減価償却累計額	△ 100,000	資本剰余金	
無形固定資産		資本準備金	10,000
のれん	300,000	その他資本剰余金	60,000
投資その他の資産		利益剰余金	
子会社株式	200,000	利益準備金	10,000
長期貸付金	400,000	その他利益剰余金	10,000
固定資産合計	2,000,000	自己株式	△ 30,000
		株主資本合計	150,000
		評価・換算差額等	
		その他有価証券評価差額金	20,000
		新株予約権	80,000
		純資産合計	250,000
資産合計	3,500,000	負債および純資産合計	3,500,000

明らかに「株主資本」が少ない…

「株主資本」が少なければ新株発行などの増資で増やすこともできる。

蓄えを研究開発や設備投資に投入

　マイホームを買うにしても、新しい車を買うにしても、いくらかは自ら蓄えた自己資金が必要ですよね。それと同じように、会社の研究開発や設備投資も、それを行うだけの資金が必要になってきます。研究開発や設備投資を行ったら決算書に形としてあらわれてきますが、それは行ったあとの話です。研究開発や設備投資を行いそうな会社を事前に知ることができれば、成長する会社かどうかを予測することができます。

　では、**どのような会社が研究開発や設備投資を行うかというと、蓄えがちゃんとできている会社ということになります。**会社に十分な蓄えが

用語解説 ＊新株＝資金を調達するなどの目的で、会社が新たに発行する株式のこと。すでに発行済みである株式のことは旧株という。また、旧株のことを親株ともいい、その場合は新株を子株という。

あるかどうかは、貸借対照表の株主資本を見ればわかりますが、**株主資本が少なければ、成長のための投資を優先的に行うことはできません。**

　会社に蓄えがなければ、設備投資のために、まずは資金調達をするという選択もあります。そのひとつが*新株を発行する増資（➡P104）です。増資をすれば会社のお金は増えるため、設備投資に回す余裕も生まれます。

株主資本で蓄えを確認

　貸借対照表の純資産の部の金額が、前期末から当期末にかけてどのように変化したかを明らかにした書面もあります。これを**株主資本等変動計算書**といいます。前期末と当期末の貸借対照表を見比べたら、資本金が増加していたとします。貸借対照表だけではその理由はわかりませんが、株主資本等変動計算書を見れば、なぜ資本金が増加したのかまでが記されています。増資をしていれば、それも一目瞭然です。どのように資金を調達したかがわかれば、会社が今後、どの程度の設備投資を行うかを知る手がかりになります。

株主資本等変動計算書の例　株主資本等変動計算書も決算書のひとつ。すべての会社に作成が義務付けられており、上場企業が公開している有価証券報告書にも含まれている。

> 資本金が前期に比べて50億円増加し、新株の発行で調達したことを示している。

当事業年度（自　○○年4月1日　至　○○年3月31日）　　（単位：百万円）

	株主資本								
		資本剰余金			利益剰余金				株主資本合計
	資本金	資本準備金	その他資本剰余金	資本剰余金合計	利益準備金	その他利益剰余金		利益剰余金合計	
						別途積立金	繰越利益剰余金		
当期首残高	10,000	1,200	100	1,300	375	300	1,500	2,175	13,475
当期変動額									
剰余金の配当等					25		△275	△250	△250
新株の発行	5,000	1,000		1,000					6,000
当期純利益							125	125	125
当期変動額合計	5,000	1,000	0	1,000	25	0	△150	△125	5,875
当期末残高	15,000	2,200	100	2,300	400	300	1,350	2,050	19,350

プラス情報　手もちの蓄えだけで設備投資が行えればよいが、通常は不足分を増資や、金融機関の融資、社債の発行の3つの資金調達方法でまかなうことになる。

5-18 会社の 価値 が見えてくる！

「のれん」が増えているのはどういうこと？

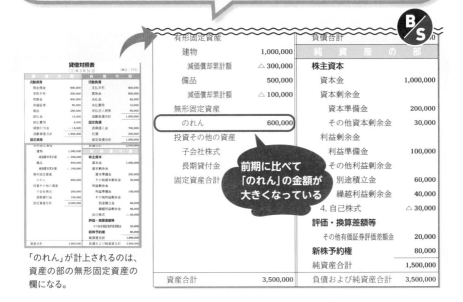

		B/S	
有形固定資産		**負債合計**	
建物	1,000,000		
		純 資 産 の 部	
減価償却累計額	△ 300,000	**株主資本**	
備品	500,000	資本金	1,000,000
減価償却累計額	△ 100,000	資本剰余金	
無形固定資産		資本準備金	200,000
のれん	600,000	その他資本剰余金	30,000
投資その他の資産		利益剰余金	
子会社株式		利益準備金	100,000
長期貸付金		その他利益剰余金	
固定資産合計		別途積立金	60,000
		繰越利益剰余金	40,000
		4. 自己株式	△ 30,000
		評価・換算差額等	
		その他有価証券評価差額金	20,000
		新株予約権	80,000
		純資産合計	1,500,000
資産合計	3,500,000	負債および純資産合計	3,500,000

前期に比べて「のれん」の金額が大きくなっている

「のれん」が計上されるのは、資産の部の無形固定資産の欄になる。

📁 会社をあっという間に大きくする

　通常、会社を成長させるには、研究開発や設備投資を行って、新たな商品や市場を開拓しつつ、それを売上増につなげていくわけです。法人である会社はよく人にたとえられますが、程度の差はあっても、人の成長のように少しずつ大きくなっていくものです。

　ですが、会社を瞬間的に大きくするという、人間の成長ではとても考えられない方法があります。**それが合併という方法です。**

　合併とは、ほかの会社を買い取って自社が飲み込んでしまうことです。

2つの会社が1つの会社になるわけですから、あっという間に会社の規模を倍増させることも可能です。

 ## 合併するとのれんが生じる！

他社を合併すると「のれん」（➡ P68）が生じます。のれんとは、収益を稼ぎ出す目に見えない力のこと。貸借対照表上には会社の資産がのっていますが、その価値よりも多くのお金を払って合併することが多いものです。それがのれんであり、**会社が収益を生み出す力に対しての評価**ということになります。

なお、買収と合併との違いは、買われた側の会社が残るかどうかです。買収の場合、買収された側の会社は買収した側の会社に支配されることになりますが、必ずしも買収された側の会社が消滅するとは限りません。

会社の合併の種類 会社の合併は大きく分けると次の2つがあるが、一般的には吸収合併が主流である。

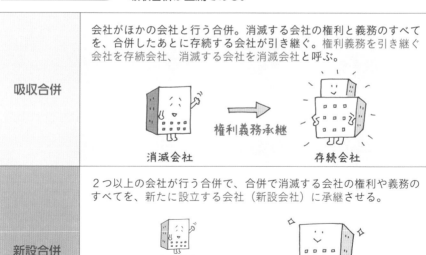

吸収合併	会社がほかの会社と行う合併。消滅する会社の権利と義務のすべてを、合併したあとに存続する会社が引き継ぐ。権利義務を引き継ぐ会社を存続会社、消滅する会社を消滅会社と呼ぶ。 消滅会社 → 権利義務承継 → 存続会社
新設合併	2つ以上の会社が行う合併で、合併で消滅する会社の権利や義務のすべてを、新たに設立する会社（新設会社）に承継させる。 消滅会社 / 消滅会社 → 権利義務承継 → 新設会社

 企業の合併と買収を総称してM&Aという。これは、合併（Mergers マージャーズ）と買収（Acquisitions アクイジション）の略になる。友好的なM&Aと、買収される側の経営陣に承諾を得ない敵対的なM&Aがある。

数字で合併について見ていきましょう。たとえば、貸借対照表の資産合計が1億円、負債合計が7,000万円の会社があったとします。その場合の貸借対照表は、次のようなものになります。

貸 借 対 照 表

　この場合、純資産が3,000万円となるので、形式上はこの会社の価値は3,000万円であり、3,000万円で購入することができるはずです。ですが、この会社のもち主が4,000万円でなければ売らないとのことだったので、4,000万円支払ってこの会社を購入したとします。

　すると貸借対照表上3,000万円の価値の会社を4,000万円で購入したことになるので、決算書上の価値よりも1,000万円多くお金を支払ったことになります。その1,000万円が会社の収益を稼ぎ出す目に見えない価値ということになり、貸借対照表に「のれん」として記載されます。買収先の企業には、帳簿にはあらわせない会社のもつブランド力や販売力、開発力などの見えない資産が必ずあり、これを「のれん」としてあらわすわけです。

　「のれん」は貸借対照表の無形固定資産に計上されます。ここに「のれん」という項目があったら、過去に合併を行うなどして会社を大きくしたことがあると判断できます。

　合併で会社を大きくしたケースは山ほどありますが、特に積極的な買収・合併で巨大企業にまでのし上がった国内での事例としては、ソフトバンクが代表的な会社といえるでしょう。

  合併で起こりがちなのが会社間の摩擦。それを回避するため、買収された側の会社の独立性を尊重しつつ、合併と同様の効果を得ることのできる持株会社を設立することも多い。

会社の買収金額の決定方法　会社の買収の際の金額については、次のような根拠にもとづいて決定される。

	内容	特徴
純資産額＋のれん代	決算書上の純資産額にのれん代を加えて算定。のれん代は、営業利益もしくは経常利益の3〜5年分など。	過去の実績をベースに算定するため、客観性が高い。のれん代が高すぎると、のちの経営に悪影響も。
DCF法	将来、買収される会社が稼ぐことが予測されるキャッシュフローをベースとして算定。	将来の収益を会社の価値に織り込むという合理性から、M&Aで最も活用されている。

買収・合併で巨大企業へ

　ソフトバンクでも大きな案件が、イギリスのボーダフォンの日本事業の買収と、アメリカのスプリントの買収、イギリスの半導体設計大手のARMの買収です。すべて2兆円を超える買収金額で、日本の会社の買収でもトップクラスです。ほかにも日本テレコムやガンホーなど数え切れないほどの買収・合併で会社を大きくしてきました。

　その結果、1995年の**株式公開***時に1,000億円に届かなかった売上高が、5兆2,000億円に達する巨大企業にまで成長しています（2021年）。まさしく**買収・合併で国内史上まれに見ない成長を遂げた会社といえます。**

ソフトバンクの売上高の推移　巨大買収を行ったタイミングで、売上高が急増しているのがわかる。

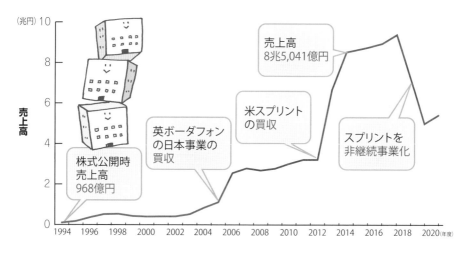

（兆円）

- 売上高 8兆5,041億円
- 米スプリントの買収
- 英ボーダフォンの日本事業の買収
- スプリントを非継続事業化
- 株式公開時売上高 968億円

売上高

1994 1996 1998 2000 2002 2004 2006 2008 2010 2012 2014 2016 2018 2020 (年度)

 用語解説　***株式公開**＝証券取引所において該当する会社の株式が売買できるようになること。株式上場ともいい、会社の資金の調達が目的。ベンチャー企業など、株式公開を目標とする会社も多い。

「楽天」の決算書

Q 次の決算書から読み取れることはどれ？

1 売上高営業利益率が大きく低下している。

2 流動比率が大きく低下している。

3 総資本回転率が低下している。

（単位：百万円）

	23 期（前期）	24 期（当期）
資産の部		
流動資産		
現金及び預金	180,209	110,082
売掛金	132,027	160,884
その他	373,758	581,328
流動資産合計	685,994	852,294
固定資産		
有形固定資産	26,169	50,692
無形固定資産	102,073	98,240
投資その他の資産	1,202,880	1,371,960
固定資産合計	1,331,123	1,520,893
資産合計	2,017,118	2,373,188
負債の部		
流動負債		
買掛金	20,578	26,619
未払金	226,646	398,597
その他	405,269	595,053
流動負債合計	652,493	1,020,269
固定負債		
社債	428,856	538,856
その他	428,268	308,448
固定負債合計	857,124	847,304
負債合計	1,509,617	1,867,574
純資産の部		
株主資本	484,641	538,901
評価・換算差額等	1,150	△ 59,106
新株予約権	21,709	25,818
純資産合計	507,501	505,614
負債純資産合計	2,017,118	2,373,188

2019年12月末と2020年12月末を決算日とする2期分

大規模な設備投資により流動比率が低下！

日本を代表するインターネットショッピングモールを運営する楽天について見ていきましょう。それぞれの流動資産と流動負債を見比べるとわかりますが、**前期においては流動資産が流動負債を上回っていますが、当期においては流動資産が流動負債を下回っています。**これを値で示したものが流動比率です。

流動比率は100%よりも高ければ高いほど安全性は高いと言えますが、100%を下回ってしまうと資金繰りに行き詰る可能性がありましたね。そのため、上場しているような大企業は、100%を超えていることが普通です。

（単位：百万円）

	2019年12月末（前期）	2020年12月末（当期）
流動資産	685,994	852,294
流動負債	652,493	1,020,269
流動比率	105%	84%

楽天の流動比率は、前期末時点ではかろうじて100%を超えているが、当期においては100%を下回り、84%という低い値になっている。

会社の事業を拡大したことが影響しているんだね

楽天は本業のインターネットショッピングモール事業やグループの金融業は業績好調が伝えられていますが、**数年前に新規参入した携帯電話事業において基地局の設置などで多額の投資が必要であり、資金調達の必要性がある**とされています。

今回、分析に用いた貸借対照表のデータはプロ野球球団、新規参入した携帯電話事業などのグループ企業を除く単体のものですが、流動比率が100%を下回っている理由として、上記のような事情があることがうかがえます。

答 **2**

モノの原価で経営が見えてくる

ハンバーガーショップの原価率

　原価とは、製造業でいえばそのモノをつくったり、小売業であれば商品を買ってきたりするのにかかった費用です。たとえばハンバーガーショップで、原価に焦点を当てると、普段見えないことがわかってきます。とあるハンバーガーチェーンのハンバーガーの原価率を考えてみましょう。原価率は売価に占める原価の割合のことであり、計算式で表すと次のようになります。

　原価率＝原価÷売価×100

　原価40円のハンバーガーを120円で販売していれば、このハンバーガーの原価率は、(40÷120)×100≒33.3％ということになります。このケースでは、70％近くはお店の儲けになるわけで、お店にとっては原価率を低く抑えることも大切な経営戦略になってきます。

フライドポテトは原価率が低い

　フライドポテトの原価が低いのは有名な話。原価は10円〜20円といわれています。このフライドポテトを200円〜300円くらいで販売するので原価率は、10円÷200円×100＝5％となります。売価に占める原価がたったの5％ですから、残りの95％はお店の粗利益ということになります。原価率が低いのはドリンクも同様で、フライドポテト並みといえます。

　これらはあくまで一例ですが、一般的なリーズナブルなハンバーガーチェーンでは、およそこういった原価率のメニュー構成で経営が成り立っています。つまり、儲かるサブメニューをたくさん買ってもらうと、店が潤うというしくみなのです。

　一方、原価率は高めに設定し、単価を上げるという高級志向の戦略もあります。景気の回復とともに、こういった戦略も有効であり、どちらを選択するかは、トレンドを見極めながらの経営判断となるのです。

第6章

"ギモン"から決算書を読み解く!
「商品管理・
給与・連結編」

商品管理、給与、連結決算という面から
会社をチェック。収益性や安全性などとは違った
会社の別の顔が見えてくるはずです。

導入 商品管理・給与・連結で「会社の潜在能力」を見る！

「会社の今の潜在能力」を明らかにする！

　ここまでの内容で「会社の今の姿」を知ることができ、「会社の今を比較」することができました。さらに本章では、決算書の金額に従業員数のデータを加えたり、決算書を作る範囲を会社単位からグループ会社全体に拡げることにより、本当の「会社の今の潜在能力」を明らかにすることができるようになります。

　決算書そのものには本来、従業員数は記載されていませんが、決算書を含んだ有価証券報告書などに記載されている従業員数の情報を加味して分析すれば、**従業員が給料以上の稼ぎをあげているか、従業員が一人当たりでどれくらいの利益をあげているかなどがわかるのです。**

「会社の今の潜在能力」を明らかにして役立つこと

　また、会社単位の決算書にはグループ会社の状況は反映されませんが、**連結財務諸表と呼ばれるグループ会社を一緒にした決算書を確認することにより、企業グループ全体の実力も知ることができます。**

　会社の経営者にとって、今後の会社の計画を作ることは重要な仕事になりますが、そのためには自分の会社のことを深く知る必要があります。特に複数の会社がグループで経営活動を行っているケースでは、単独の会社の状態だけでは本当の姿が見えてこないものです。

　そのため、単独の決算書だけでは知り得なかった情報も加味して、連結決算でグループ全体の分析を行うことにより、「会社の今の潜在能力」

を明らかにすることができるわけです。

「会社の今の潜在能力」を知りたいのは、経営者のみならず、取引先や銀行などの利害関係者も同じです。極端な話、特定の会社の経営がうまくいっていない場合でも、同じグループの会社に損失を負わせてしまえば、本来赤字だった会社を黒字にすることだってできてしまうわけです。なので、**グループ全体の状態を把握することは、利害関係者にとっても意味のある情報**になります。

| 連結決算と単独決算の特徴 | 大企業のグループ会社では、連結の決算書だけでなく、単独決算も一緒に公表しているところが多い。 |

決算の種類	メリット
連結決算（連結財務諸表）	グループ全体の業績を把握できる
	不正会計を防げる
単独決算（財務諸表）	単独の会社だけの業績を判断できる

 ## 「会社の今の潜在能力」を知るために必要な要素

「会社の今の潜在能力」を明らかにするための要素には、さまざまなものがありますが、本章では**商品管理のための分析や従業員数、グループ会社といったものを見ていきます**。具体的には、下図のような指標等について触れていきます。

ここまでの分析ができるようになれば、「決算書が読めるようになる！」という本書の目的は十分に達したといえるでしょう。

| 今社の潜在能力を知るための指標 | 資産の回転効率や生産性は、売上や利益を伸ばすために欠かせない会社の潜在的な能力を示す指標。会社全体の状態も潜在能力をはかる上で欠かせない。 |

資産の回転効率
商品（棚卸資産）回転率

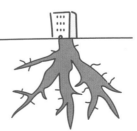

生産性
労働生産性・労働分配率

グループ全体の状態
連結財務諸表

「商品」（在庫）が多すぎる？

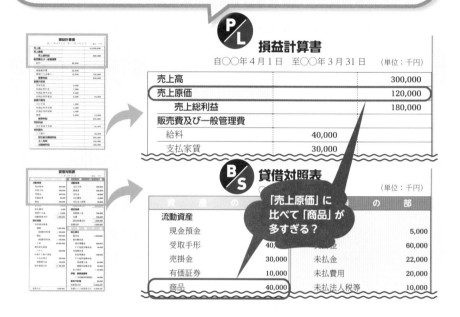

損益計算書

自○○年4月1日　至○○年3月31日　（単位：千円）

売上高	300,000
売上原価	120,000
売上総利益	180,000
販売費及び一般管理費	
給料	40,000
支払家賃	30,000

貸借対照表

（単位：千円）

資　産　の　部		の　部	
流動資産			
現金預金			5,000
受取手形	40,	金	60,000
売掛金	30,000	未払金	22,000
有価証券	10,000	未払費用	20,000
商品	40,000	未払法人税等	10,000

「売上原価」に比べて「商品」が多すぎる？

商品を少なくして効率よく稼ぐ！

　倉庫に山のように商品が積んであったら、その会社は儲かっていると思いますか？　結論をいえば、会社にとって商品をたくさん保有することは、よいことではありません。**商品の所有はできるだけ少なくして、販売頻度を高めることで効率的に稼ぐのが儲かる会社の基本です。**

　適正な在庫水準や効率を見るにはさまざまな指標がありますが、指標を使わなくても会社がどのくらい在庫を抱えているか、商品管理がしっかり行われているかを知ることのできる方法があるので紹介します。

用語解説　商品管理＝商品の仕入や生産、販売の状況を把握した上で、商品を管理すること。各商品の販売動向を正確にとらえ、適切に仕入や生産を行うことで、売上の向上につなげていく。

何か月分の在庫を保有しているかがわかる

　まずは、損益計算書の「売上原価」を12（か月）で割ります。その金額を貸借対照表の「流動資産」にある「商品」（製品）の金額と比べることで、何か月分の在庫を保有しているかがわかります。

> 売上原価÷12 ＞ 貸借対照表の商品…1か月分以下の在庫
> 売上原価÷12 ＝ 貸借対照表の商品…1か月分の在庫
> 売上原価÷12 ＜ 貸借対照表の商品…1か月分以上の在庫

　たとえば、売上原価の金額が1億2,000万円だったとします。つまり、月に換算すると1,000万円です。そして、貸借対照表の商品が同じ1,000万円だったら1か月分の在庫を、2,000万円だったら2か月分の在庫を保有していることになります。

　1か月分の在庫を保有しているということは、仕入れた商品が1か月間はそのままになっているということです。**業種で目安は異なりますが、1か月程度ならば平均的な在庫といえ、よい会社ともいえます。もしも2か月分だと、在庫が多すぎる、改善が必要な会社になります。**

　商品在庫は適正の量を保ち、回転を高めることで、会社は効率よく儲けることが可能になるのです。

| 商品の在庫とその影響 | 在庫は適正な量であることが求められ、多すぎても少なすぎても会社にとってデメリットになる。 |

商品在庫が過剰なケース

保管料や税金が発生。資金繰りを圧迫する。

商品在庫が適性なケース

効率よく利益を生み出せる。

商品在庫が不足しているケース

販売機会を逃す可能性が高まる。

プラス情報　販売や製造などに比べて地味な印象のある在庫の管理だが、経営の基本は在庫を適正に保つことにある。これをおろそかにしてキャッシュフローを悪化させ、倒産する会社はあとを絶たない。

「商品」や「材料」が 「売上高」より多い…？

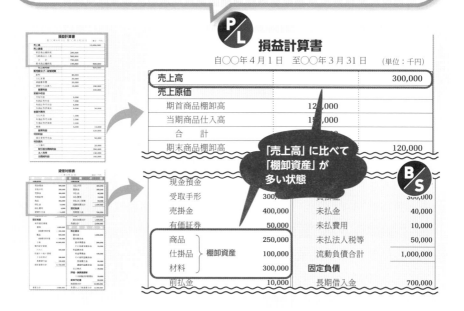

損益計算書

自○○年4月1日 至○○年3月31日 （単位：千円）

売上高		300,000
売上原価		
期首商品棚卸高	12□,000	
当期商品仕入高	15□,000	
合　計		
期末商品棚卸高	120,000	

「売上高」に比べて「棚卸資産」が多い状態

現金預金			**B/S**
受取手形	300□	買掛金	300,000
売掛金	400,000	未払金	40,000
有価証券	50,000	未払費用	10,000
商品	250,000	未払法人税等	50,000
仕掛品 ┐棚卸資産	100,000	流動負債合計	1,000,000
材料 ┘	300,000	固定負債	
前払金	10,000	長期借入金	700,000

商品が売れている？ 売れていない？

　本業の調子の目安は、利益が出ているかどうかで判断しますが、その前提として商品や製品がしっかりと売れていることがとても重要です。

　会社の商品が頻繁に売れているのか、それともあまり売れていないのかを知るための指標として、「棚卸資産回転率」があります。**棚卸資産回転率は、棚卸資産がどのくらいの頻度で売れているかがわかる指標であり、売上高を棚卸資産で割ることによって、求めることができます。**

　式であらわすと次のようになります。

プラス 情報　棚卸資産回転率がよくないときの改善策としては、会社の戦略上の優先度を明確にして商品の選択をした上で、商品それぞれの利益率を考えて在庫を管理することが求められる。

$$\bullet \text{棚卸資産回転率} = \frac{\text{売上高}}{\text{棚卸資産}}$$

棚卸資産回転率は、棚卸資産が1年間で何回転しているかを示しています。棚卸資産回転率は、業種によってさまざまですが、**理想は流通業が20回転以上、製造業が12回転以上です。それより大幅に低いようなら、商品が売れていないことを疑わなくてはなりません。**なお、棚卸資産回転率は分子の売上高を売上原価に代えて計算するやり方もあります。

 ## 在庫は減らすべきだが、落とし穴も

効率よく稼ぐためには、棚卸資産回転率は多いほうがよいのですが、極端に在庫を減らしてしまうと、思わぬ落とし穴にはまることがあります。それは、**自然災害や突然の事故で物流が止まってしまった場合です。**

在庫がなければ、生産や販売もすぐに止まってしまいます。東日本大震災のときには高速道路などが使えなくなり、コンビニなどから商品がなくなってしまい、アメリカの同時多発テロの際にも商業面で混乱をきたしました。

このような不測の事態に備えて、棚卸資産回転率20回転（流通業）、12回転（製造業）を基準に、多少多めの在庫は必要ともいえます。

不良在庫につながる「商品の陳腐化」

「商品の陳腐化」とは、時間の経過とともにその価値が減少していくこと。適切な対処をしないと不良在庫の増加につながる。

●商品の陳腐化

- ●食料品などの品質の低下
- ●季節商品での流行遅れ
- ●高性能な新商品の発売

何も対策をしないと…

デメリット 期末に資産の減損を計上することに

デメリット 棚卸資産が増加してしまう

在庫が不足すると商品の欠品をまねくことになる。商品の欠品は表面上コストはかからないため、会社に影響はないようだが、顧客の購買機会を奪うため、売上高の損失が生じる。

6-3 会社の 適正在庫 が見えてくる！

「売上原価」よりも「棚卸資産」が多くていいの？

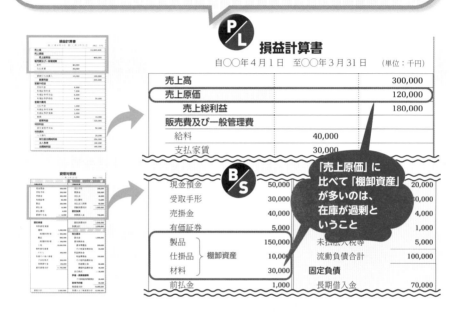

損益計算書

自○○年4月1日　至○○年3月31日　　（単位：千円）

売上高		300,000
売上原価		120,000
売上総利益		180,000
販売費及び一般管理費		
給料	40,000	
支払家賃	30,000	

現金預金	50,000			20,000
受取手形	30,000			0,000
売掛金	40,000			4,000
有価証券	5,000			1,000
製品	150,000		未払法人税等	5,000
仕掛品	10,000	棚卸資産	流動負債合計	100,000
材料	30,000		固定負債	
前払金	1,000		長期借入金	70,000

「売上原価」に比べて「棚卸資産」が多いのは、在庫が過剰ということ

トヨタの強さの秘密は在庫管理にあり！

　トヨタの強さの秘密は**在庫管理**[*]にあるといわれています。「カンバン方式」とか「カンバンシステム」という言葉を聞いたことがある人も多いかと思います。在庫管理や経営学の世界ではとても有名なキーワードなので、ビジネスパーソンであれば覚えておきたいところです。

　「カンバン方式」とは、要するに**必要なときに必要な量だけ原材料を購入したり、つくりかけの仕掛品を必要に応じて次の工程に供給する方法**になります。この方法こそが、トヨタの在庫管理のやり方なのです。

用語解説 ＊在庫管理＝材料やつくりかけの仕掛品、製品を会社の在庫として最適な量を維持するため、計画・管理すること。在庫管理においては、できるだけ在庫を少なくすることが目的である。

在庫回転日数で在庫管理能力がわかる！

在庫回転日数（棚卸資産回転日数）とは、商品を仕入れてどのくらいの期間で販売できているのかを示す指標であり、次の計算式で求めることができます。

$$\bullet\text{在庫回転日数} = \frac{\text{棚卸資産}}{\text{売上原価} \div 365\text{日}}$$

分母の計算で、1日あたりの売上原価を計算しているので、棚卸資産の金額をこの値で割ることによって、棚卸資産が何日分の売上原価に相当するかを計算することができます。

この日数が多ければ多いほど、在庫をたくさん抱えていることになります。 トヨタの在庫回転日数は約30日超であり、ホンダは約60日弱となっています。ホンダもかなり優秀な会社ですが、それをも大きく上回る在庫管理能力の高さをトヨタは有しているわけです。このあたりが、トヨタが日本一の会社といわれる理由かもしれません。

在庫回転日数長期化の影響

在庫回転日数が長期化する要因には次のようなものがあり、その結果、会社に悪影響をおよぼす。

商品の陳腐化で滞留する在庫が多い

出荷までの製造期間が長い

在庫回転日数の長期化

資金繰りの悪化

在庫回転日数と倒産の関係

在庫回転日数の変動幅が増加すればするほど、倒産確率は高くなる。増加もさることながら、極端な減少も売上減少につながるため注意する必要がある。

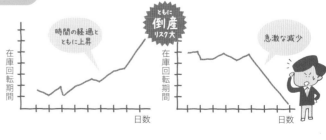

 在庫回転日数は、商品を仕入れてどのくらいの日数で販売できているかを見る指標だが、月数で見る指標は在庫回転月数となる。両方を称して在庫回転期間（棚卸資産回転期間）ともいう。

6-4

会社の 在庫保有期間 が見えてくる！

「棚卸資産」が増えて
「現金」が減っている？

現金預金	**B/S**	2,000	支払手形	40,000
受取手形		30,000	買掛金	50,000
売掛金		40,000	未払金	4,000
有価証券		5,000	未払費用	1,000
商品		25,000	未払法人税等	5,000
仕掛品 棚卸資産		10,000	流動負債合計	100,000
材料		30,000	**固定負債**	
前払金		1,000	長期借入金	70,000

キャッシュフロー計算書

法人税		△4,900
営業活 棚卸資産が ロー		7,000
投資 増えているのに		
	現金が少ない状態	△250
配当		△1,500
財務活動による キャッシュフロー		500
現金及び現金同等物の 加額		△40,000
現金及び現金同等物の期首残高		42,000
現金及び現金同等物の期末残高		2,000

在庫の多さを疑え！

　営業マンのKさんの得意先の社長は、「商売自体はうまくいっているのに、いつも資金繰りで頭が痛いんだよね〜」と会うたびにログセのようにいっていました。会社を訪れると、工場や倉庫は資材や製品であふれ、工場のラインもフル稼働で商売も順調そうに見えたのですが、少し気になったので決算書を調べてみることにしました…。

　こんなケースでは、**まず在庫の多さを疑うのが常套手段です。**過剰な在庫はキャッシュフローを悪くするからです。

プラス情報　在庫のプラスの面として、需要と供給のギャップを埋めて、即座に製品や商品の供給ができる環境を整える役割がある。なお、小売店では店頭の棚に並んでいる商品も在庫という位置付けになる。

長期の在庫はキャッシュを減らす

　在庫について少し整理しておきましょう。製造業であれば、在庫は完成した製品、つくりかけの仕掛品、製品をつくるための原材料の3つの棚卸資産に分類できます。これらの在庫は購入、加工、生産、販売といった企業活動の過程で量が増減することになります。

　時間の経過で在庫の価値も変わります。長期間在庫をもつことで商品が陳腐化（➡ P221）したり、質が低下したりするため価値は下がります。製品、仕掛品、原材料という在庫は、すべてキャッシュ（現金）をモノという形に変換したものと考えられますので、**長期で在庫をもつということは、それだけでキャッシュを減らすことを意味するのです。**

在庫の増加分は営業CFからマイナス

　在庫を意味する棚卸資産が増加すれば、キャッシュフロー計算書ではキャッシュのマイナスとして調整されます。したがって、棚卸資産と現金の期末残高が、過去数年でどのくらい変動しているかチェックします。

　会社のキャッシュは、人の血液によくたとえられます。血液が体内を巡って栄養分や酸素を送り込む役割を果たすように、キャッシュも会社のさまざまな活動面に行きわたり、潤滑に流れていく必要があるのです。長期の在庫は、さながら血流の滞った血栓のようなものです。ですので、**在庫の管理と削減は経営に重要な視点となってくるのです。**

キャッシュフローの在庫面からの改善方法

在庫を右の①②のように改善することで、キャッシュフローおよび収益を、改善することができる。

①過剰在庫の解消

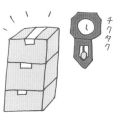

②在庫期間短縮

会計上、大企業では棚卸資産の評価としては低価法が義務付けられている。低価法では、棚卸資産の時価が原価を下回っている場合には、評価損の計上が必要となってくる。

6-5

会社の 付加価値 が見えてくる！

「売上総利益」が高いのは「付加価値」が高い証拠？

損益計算書

自〇〇年4月1日 至〇〇年3月31日 （単位：千円）

売上高		1,000,000
売上原価		
同業者と比べて「売上総利益」が多い状態	200,000	
	500,000	
計	700,000	
期末商品棚卸高	100,000	600,000
売上総利益		**400,000**
販売費及び一般管理費		
給料	40,000	
支払家賃	30,000	
減価償却費	20,000	
貸倒引当金繰入	10,000	100,000
営業利益		**300,000**
営業外収益		
受取利息	9,000	

付加価値を示すのが「売上総利益」であり、商品の魅力がここから読み取れる。

 価値を生み出さない会社は存続できない

コンビニで500円で買ってきた弁当に200円の利益を上のせして販売しようと思っても、だれも買ってくれないはずです。なぜなら、誰もがかんたんに手に入れられるようなものを、高いお金を出して買いたいという人はいないからです。**利益をのせてでも商品や製品が売れるのは、そこにお客さんが価値を見出しているからです。**

価値の正体は何なのでしょうか？　小売業や卸売業であれば、他社にはマネできない独自の仕入ルートなどが価値を生み出す源泉といえます。たとえば、その会社しか仕入れることのできない南米産のコーヒー

プラス情報 付加価値を高めるには、消費者から商品やサービスが高く評価される必要がある。新技術やサービスの開発はもちろん、コストを下げることでも、付加価値を大きくすることができる。

豆があったとします。そのコーヒー豆は他社では販売できないので、多めの利益をのせたとしても、お客さんが欲しいと思えば購入してくれるわけです。

　つまり、仕入の独自ルートが価値を生み出し、利益となってあらわれるわけです。製造業であれば、独自の生産技術などが該当することになり、これらのことを付加価値といいます。

付加価値は売上総利益で判断

　付加価値とは、読んで字のごとく、付け加えられた価値のことであり、会社がつくる商品やサービスの魅力そのものを指すことになります。付加価値が高いか低いかは、粗利益である売上総利益を見ればよく、**売上総利益が高いということは、付加価値の高い、消費者に求められる商品を売っていることにほかなりません。**

　厳密には、売上高から外部に対して支払った商品や原材料の仕入代金を差し引いて求めますが、小売業などは結局それが粗利益なので、基本的には付加価値＝粗利益との理解で構いません。

　付加価値は、会社の従業員や機械などが、いかに効率よく利益を稼ぎ出したかを示す生産性を明らかにするためにも用いられます。儲かっている会社の絶対条件でもある付加価値の高さは、当然ながら給料にも大きく影響してきます。

付加価値に含まれるもの　付加価値は、外部からの調達費をのぞいたものすべてが含まれることになる。

おもな付加価値の計算方法には、控除法と加算法の2つがある。実務では、営業利益に人件費や賃借料などを加えて、会社が新たに付け加えた価値を集計する加算法が用いられることが多い。

会社の 労働生産性 が見えてくる！

「従業員」に比べて 「売上総利益」が少ない？

損益計算書

自○○年4月1日 至○○年3月31日 （単位：千円）

売上高		1,000,000
売上□ 従業員の数 に対して利益 が非常に少ない	400,000	
	800,000	
各	1,200,000	
期末商品棚卸高	300,000	900,000
売上総利益		100,000
販売費及び一般管理費		
給料	50,000	
支払家賃	40,000	
減価償却費	7,000	
貸倒引当金繰入	2,000	99,000
営業利益		1,000
営業外収益		
受取利息	9,000	

従業員の数は、有価証券報告書であれば「従業員の状況」で読み取れる。

 給料の分、働いている？

「あなたは給料を超える分の働きをしていますか？」と聞かれたら、何と答えますか？　自信をもって「はい！」と答えられる人もいれば、ちょっと答えに窮してしまう人もいるかと思います。

　組織というものは2割のできる人で8割のできない人を担っているという説などもありますが、会社の利益を考えれば、できる限りたくさんの従業員が会社の利益に貢献する方がよいのはいうまでもありません。

　従業員が平均してどれだけ会社に貢献しているかを調べるためには、従業員1人あたりの付加価値を求めるとよいでしょう。従業員1人あた

 OECD（経済協力開発機構）の調査では、日本の労働生産性は主要先進7か国で20年近く最下位である。製造業の生産現場での生産性は高いが、サービス業や事務職では低いとされている。

りの付加価値のことを「労働生産性」ともいいます。

$$●従業員1人あたりの付加価値（労働生産性）＝\frac{付加価値}{従業員数}$$

労働生産性で利益が決まる！

　従業員1人あたりの付加価値である「労働生産性」が高ければ高いほど、より利益の出やすい体質だといえます。少なくとも、従業員が自分がもらっている給料以上の付加価値を稼ぎ出さないと、会社は赤字になります。

　たとえば、売上総利益が1億円で従業員数が25人の中小企業があったとします。従業員1人あたりの付加価値は次のように計算することができます。

$$1億円÷25人＝\overset{従業員1人あたりの付加価値}{400万円}$$

　一般的に「従業員1人あたりの付加価値」は、大企業なら2,000万円、中小企業なら1,000万円を超えることが望ましいとされています。したがって、この会社は利益が出にくい会社ということになります。

労働生産性の業種平均　従業員1人あたりの付加価値である労働生産性は、業種でそれぞれ平均値が異なってくる。

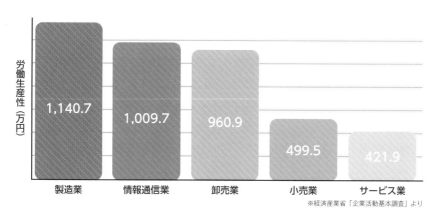

労働生産性（万円）

製造業	情報通信業	卸売業	小売業	サービス業
1,140.7	1,009.7	960.9	499.5	421.9

※経済産業省「企業活動基本調査」より

　労働生産性に影響を与える要因には、従業員の能力向上やモチベーションの維持、効率的なシステムの導入などがあり、労働生産性は給与の算定にも大きく影響してくる。

労働生産性を高める

労働生産性、すなわち従業員1人あたりの付加価値を求める式は、次のように変化させることができます。

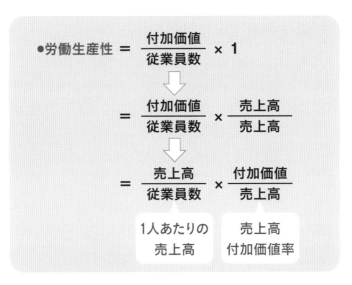

- 労働生産性 $= \dfrac{付加価値}{従業員数} \times 1$

$= \dfrac{付加価値}{従業員数} \times \dfrac{売上高}{売上高}$

$= \underbrace{\dfrac{売上高}{従業員数}}_{\substack{1人あたりの \\ 売上高}} \times \underbrace{\dfrac{付加価値}{売上高}}_{\substack{売上高 \\ 付加価値率}}$

つまり、労働生産性を求める式は、「1人あたりの売上高」と「売上高付加価値率*」に分けることができるのです。ですので、労働生産性を高めるには、1人あたりの売上高を高めるか、あるいは売上高付加価値率を高めればよいということになります。

1人あたりの売上高を高めるには、従業員を少なくすることが必要であり、売上高付加価値率を高めるには、魅力的な商品を売ることが必要です。すなわち、**少人数の社員で粗利益の高い商品を売ることのできる会社は、労働生産性の高い会社だといえるのです。**

 ## オートメーション化で効率よく稼ぐ

労働生産性は、機械や設備といった固定資産を絡めて、次の式を導き出すこともできます。なお、労働装備率とは、従業員1人あたりがどの程度の設備などの固定資産を使っているかという値です。

  用語 解説 *売上高付加価値率＝生産性分析の指標のひとつであり、会社の付加価値を売上高で割ったものになる。会社が生み出す商品やサービスが、どれだけ優れているかを示す。

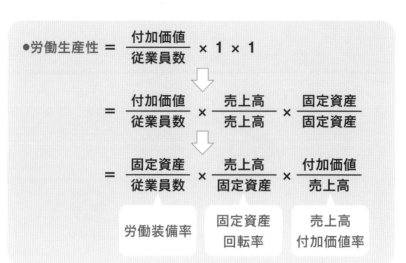

●労働生産性 $= \dfrac{\text{付加価値}}{\text{従業員数}} \times 1 \times 1$

$= \dfrac{\text{付加価値}}{\text{従業員数}} \times \dfrac{\text{売上高}}{\text{売上高}} \times \dfrac{\text{固定資産}}{\text{固定資産}}$

$= \underbrace{\dfrac{\text{固定資産}}{\text{従業員数}}}_{\text{労働装備率}} \times \underbrace{\dfrac{\text{売上高}}{\text{固定資産}}}_{\substack{\text{固定資産}\\\text{回転率}}} \times \underbrace{\dfrac{\text{付加価値}}{\text{売上高}}}_{\substack{\text{売上高}\\\text{付加価値率}}}$

　労働装備率と固定資産回転率（➡ P205）は、ともに高ければ高いほど望ましいことになります。上の式より、**労働装備率を高めることによって労働生産性を高めることができることがわかります。そして労働装備率を高めるためには、従業員を減らして設備をたくさん導入すればよいということになります。**

　働く従業員の側からすると厳しい結論になりますが、従業員を減らしてオートメーション化をはかる会社の方が、効率よく稼ぐことができる会社であるといえるのです。

労働生産性向上の方法　労働生産性の向上には、次のような方法がある。

●労働生産性の向上

1 1人あたりの売上高を高める

2 売上高付加価値率を高める

3 労働装備率を高める

4 固定資産回転率を高める

 プラス情報 労働生産性向上のカギを握るのが労働装備率の改善だ。労働装備率が高い会社ならば資本集約型の経営を行っているといえ、低い会社ならば労働集約型の経営であるといえる。

231

会社の 適正な給与 が見えてくる！

「人件費」の割合が 高すぎる？

損益計算書

自○○年4月1日 至○○年3月31日 （単位：千円）

売上高		1,000,000
売上原価		
期首商品棚卸高	200,000	
当期商品仕入高	500,000	
合　　計	700,000	
期末商品棚卸高	100,000	600,000
売上総利益		400,000
販売費及び一般管理費		
給料	200,000	
支払家賃	30,000	
減価償却費		
貸倒引当金繰入		
営業利益		
営業外収益		
受取利息		

人件費である「給料」だけで「売上総利益」の2分の1を占めている

実際の人件費には、「給料」に加えて法定福利費や福利厚生費も含む。

 ## 人件費の割合が高い？

営業マンのYさんは、配送業を営む取引先会社の社長から、人件費が高くて困っていると打ち明けられました。人件費の割合が高いということは、従業員にとっては給料が多い会社ということでプラス材料でしょうが、会社としては負担が大きいのは想像にかたくありません。

多額の売掛金が残っているため、少し心配になったYさんは、早速、決算書をチェックしてみたところ、「販売費及び一般管理費」の「給料」は2億円、「売上総利益」は4億円であることがわかりました…。

付加価値（売上総利益）に占める人件費の割合のことを「労働分配率」

 プラス情報 雇用環境が改善してきて人出が不足すると、人材獲得のため人件費は上昇する傾向にある。人件費の上昇は会社の経営を圧迫する要因となり、倒産に至ることも少なくない。

といいます。式であらわすと次のようになります。

$$労働分配率 = \frac{人件費}{付加価値} \times 100$$

 ## 労働分配率は50％が目安に

人件費には、給料や賞与はもちろんのこと、退職金や福利厚生費*など
も含みます。**人件費が高ければ労働分配率も高くなります。理由は労働
集約型の会社、つまり人間の労働力による仕事の割合が高い会社である
ことも要因です。**たとえば飲食業やサービス業、運送業などが代表例で
す。このような会社は機械や設備が少ないので、労働装備率が低く、労
働生産性も低くなります。

労働分配率は、業種平均で50％強が目安です。Ｙさんの取引先の会
社であれば、仮に人件費と給与がほぼ同じと考えるならば２億円÷４億
円で労働分配率は50％あり、配送業という人がいなくてははじまらな
い業種としては、決して多すぎるレベルにはないようです。

創業からどの程度経っているのかも、判断基準になります。当然、**創
業から間もないころは利益が少ないため、労働分配率も高めになりがち**
ですので、それも割り引いて考える必要があります。

| 労働分配率の業種平均 | 業種によって労働分配率の平均は次のようになる。大企業ほど労働分配率が低いなど、会社の規模でも違いはある。 |

労働分配率（％）

製造業	卸売業	小売業
50.8	49.5	50.0

※経済産業省「2020年　企業活動基本調査」より

 用語解説 *福利厚生費＝食事の支給、社宅や寮の賃料、レクリエーション旅行、忘年会や新年会などの社内イベントの費用、報奨金や記念品の支給のこと。

労働分配率を下げる

　労働分配率が業種平均などよりも明らかに多すぎるようであれば、何らかの改善がされなくてはなりません。放っておけば、利益を食いつぶすことになってしまいます。

　労働分配率についても、労働分配率を求める計算式を変化させることで、内訳を出すことができます。それをもとに、どのようにしたら労働分配率の改善につながるかを考えてみましょう。式であらわすと次の通りです。

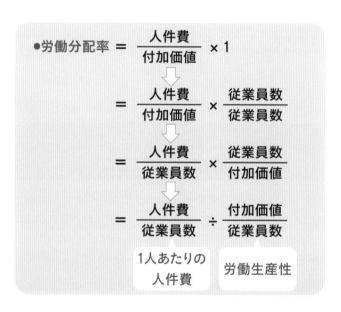

● 労働分配率 $= \dfrac{人件費}{付加価値} \times 1$

$= \dfrac{人件費}{付加価値} \times \dfrac{従業員数}{従業員数}$

$= \dfrac{人件費}{従業員数} \times \dfrac{従業員数}{付加価値}$

$= \dfrac{人件費}{従業員数} \div \dfrac{付加価値}{従業員数}$

1人あたりの人件費　　労働生産性

労働分配率と労働生産性の関係　それぞれの数値が高いか低いかで、会社を次のように判断することができる。

	低い ←	労働分配率	→ 高い
高い ↑ 労働生産率 ↓ 低い	付加価値は高いが 給与は低い⇨内部留保が多い		付加価値が高く 給与も高い⇨業績向上
	付加価値が低く 給与は低い⇨業績は低空飛行		付加価値が低いが 給与は高い⇨利益を圧迫

 プラス情報　付加価値を厳密に計算すると、製造業の場合は、売上高−（材料費＋買入部品費＋外注工賃）となり、建設業の場合は、完成工事高−（材料・部品費＋外注費）となる。

利益拡大の好循環へ

　左ページの式からわかることは、**労働分配率を下げるには、1人あたりの人件費を引き下げるか、労働生産性を高める必要があるということです。**

　1人あたりの人件費を引き下げるということは、給与の水準を下げるということです。しかし、給与水準を下げることを追求しすぎれば、従業員のモチベーションが下がってしまいます。なので、効率を追求しつつも、従業員のモチベーションが下がらないような給与水準に設定しなければなりません。

　もうひとつの労働生産性を高める方法は、給与水準を下げる方法と逆に、従業員の士気を高めて1人あたりの付加価値を上げていくことです。

　労働生産性が向上すれば、企業の利益が増え、労働分配率も自ずと低下します。そうすることで、人件費を上げる余裕もでき、そのことが従業員のモチベーションを高め、さらに労働生産性を高める結果を生む…と、会社の業績を伸ばす好循環が生まれることになります。

労働分配率と好業績のサイクル　労働分配率を従業員のモチベーションを損なわずに改善することで好循環が生まれる。

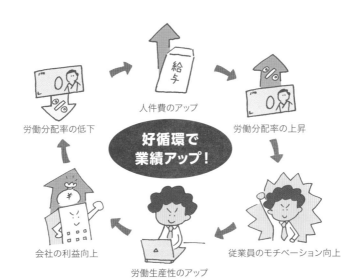

6-8

会社の 連結決算 が見えてくる！

「連結決算」にしか 出てこない項目がある？

連結損益計算書

P/L

固定資産売却益		0,000
特別損失		
火災損失		70,000
税引前当期純利益		300,000
法人税等		140,000
当期純利益		160,000
非支配株主に帰属する当期純利益		20,000
親会社株主に帰属する当期純利益		140,000

連結貸借対照表

B/S

連結の決算書ではこれらの項目が記載される

固定資産合計	1,700,000	60,000
		40,000
		△ 30,000
	評価・換算差額等	
	その他有価証券評価差額金	20,000
	非支配株主持分	50,000
	純資産合計	1,421,000
資産合計	3,421,000	負債および純資産合計 3,421,000

連結キャッシュフロー計算書

C/F

有形固定資産の売却による収入	1,400
子会社株式の取得による支出	△ 2,000
投資活動によるキャッシュフロー	△ 4,500
財務活動によるキャッシュフロー	
短期借入れによる収入	1,500
短期借入金の返済による支出	△ 1,000
長期借入れによる収入	2,000
長期借入金の返済による	△ 500
配当金の支払額	△ 1,500
財務活動によるキャッシュフロー	500
現金及び現金同等物の増加額	3,000
現金及び現金同等物の期首残高	42,000
新規連結に伴う現金及び現金同等物の増加額	1,000
現金及び現金同等物の期末残高	46,000

単独のキャッシュフロー計算書では見られない項目

グループ全体の連結キャッシュフロー計算書を作成していれば、単独のキャッシュフロー計算書は作成しないのが一般的だ。

プラス情報 企業会計を国際標準であるグローバルスタンダードにするため、2000 年に「会計ビッグバン」と呼ばれる改革が行われた。その一環として連結決算の重要性が規定された。

1,000以上の子会社をもつ会社

　ある会社がほかの会社を支配するためには、原則としてほかの会社が発行している株式の過半数を取得しなければなりません。そのような状態にある場合、株式を取得した方を親会社といい、株式を握られている方を子会社といいます。

　大きな会社ほど、たくさんの子会社や関連会社をもっているものです。日本で子会社が一番多いのはソニーです。世界に誇る電気メーカーとしての顔は昔のものであり、金融会社やエンターテインメントなどさまざまな方面で活躍の場を広げています。それにともない、約1,490の子会社をもっています。

　決算書は原則、すべての会社で作成されるものですので、親会社であろうと、子会社であろうと作成しなければなりません。しかし、木を見て森を見ずということわざがあるように、**グループの1社を見ただけでは見えてこないこともたくさんあります。**

連結決算が重視されるようになった

　家庭でも、世帯全体での収入が大事です。仮に夫が年収400万円だったとしても、奥さんが200万円稼いでくれば、世帯としては600万円の収入ということになります。つまり、家族の稼ぎ頭である夫の収入だけでは、その家庭の余裕度ははかれないということです。

　会社でもソニーのように子会社が1,490社もあれば、その実力は全体を見ないと判断できません。それこそ、子会社に売れない商品を買わせたり、赤字の事業部門だけを別会社にするなどして、親会社の決算書をよく見せることもできてしまうからです。

　グループ企業全体の実力を正確にはかるため、グループ会社全体の数字を加算して決算を行うのが連結決算です。国際的にも、より正確な業績をあらわすことのできる連結決算が主流であり、日本でも2000年からは単独決算＊といっしょに連結決算の公表が義務付けられています。

用語解説　＊単独決算＝単一の会社の収支をあらわした決算のこと。従来の日本では、単独決算が主と考えられてきた。グループ企業の場合、その全貌が決算書から把握できないのがデメリット。

子会社と関連会社の違い

　子会社と関連会社の違いは、親会社の支配力の違いです。株式を親会社がどれだけもっているかで規定され、子会社は51％以上、関連会社は20％〜50％の株をもっていることや、役員の派遣による実質的な支配の度合いなどで決まります。

　連結決算で組み入れられるのは原則、子会社だけになりますが、関連会社も親会社が所有する株式に応じた持分法[*]**を使って連結決算に反映することになります。**

連結損益計算書に出てくる項目

　連結決算であろうと、単独決算であろうと、３つの決算書の基本的な構造や記載方法に変わりはありません。

　ただし、連結決算で出てくる新しい項目として、**連結損益計算書では「非支配株主に帰属する当期純利益」「親会社株主に帰属する当期純利益」の２つが加わってきます。また、連結貸借対照表では「非支配株主持分」が加わってきます。**

　さらに、連結キャッシュフロー計算書では、連結によって増えた現金を増減させるために、「新規連結に伴う現金及び現金同等物の増加額」や「新規連結に伴う現金及び現金同等物の減少額」が加わります。

　子会社で親会社以外の株主を、非支配株主（少数株主）と呼びます。連結損益計算書では、100％出資しているわけではない子会社、つまり非支配株主がいる子会社についても、当期純利益までの段階では子会社の利益をすべて親会社と合算していきます。

　しかし、このままでは利益をのせすぎることになるため、当期純利益の段階で、**子会社の利益のうち非支配株主の持分にあたる額（非支配持分利益）を引いて、連結による正しい当期純利益を算出する必要があります。**それらをあらわしたのが、連結損益計算書で加わる項目の内容ということになります。

用語解説 [*]持分法＝連結決算では、親会社と子会社はそれぞれの決算書を連結（合算）させるが、連結させることなく、親会社の持分に応じて関連会社の利益だけを連結損益計算書に計上する方法。

連結決算での決算書の種類　連結決算での連結財務諸表のおもなものは、次の3つである。

連結財務諸表

- ●連結損益計算書
- ●連結貸借対照表
- ●連結キャッシュフロー計算書

親会社と子会社の単独の決算書を基礎とし、金額を合算することでグループとしての金額を算定。

連結損益計算書の最終利益の算出　連結損益計算書で最終的な利益を算出する過程は、次のようなものになる。

	P/L
固定資産売却益	0,000
特別損失	
火災損失	70,000
税引前当期純利益	300,000
法人税等	140,000
当期純利益	160,000
非支配株主に帰属する当期純利益	20,000
親会社株主に帰属する当期純利益	140,000

税引前当期純利益 － 法人税等 ＝ 当期純利益 － 当期純利益に帰属する非支配株主 ＝ 親会社株主に帰属する当期純利益

当期純利益には非支配株主の分も含まれている。

親会社の利益でない部分を引く。

純粋な親会社の利益だけを算出。

プラス情報　子会社でも親会社の影響力が一時的であったり、連結決算書に与える影響がないようなケースは、連結しなくてもよいとされている。この子会社を非連結子会社と呼ぶ。

連結貸借対照表で出てくる「非支配株主持分」は、以前は「少数株主持分」と呼ばれていたように少数の株主の持分、つまり**子会社の資本のうち親会社の持分以外のことを指します。**

親会社が子会社に投資した金額と、子会社の純資産で親会社の持分は、グループで考えるとグループ内でのお金の移動にすぎないため、相殺して消さなければなりません。したがって連結貸借対照表にはのってこない金額になります。

しかし、親会社の持分以外の部分の資本については、非支配株主に帰属する部分なので、非支配株主持分として連結貸借対照表上の純資産の部に表示することになります。

非支配株主持分の考え方 | 連結貸借対照表に加わる非支配株主持分の考え方は、次のとおりである。

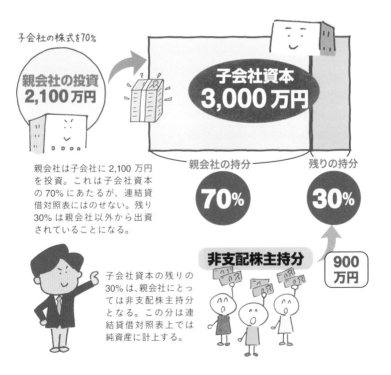

子会社の株式を70%

親会社の投資 2,100万円

子会社資本 3,000万円

親会社の持分 **70%**　　残りの持分 **30%**

親会社は子会社に2,100万円を投資。これは子会社資本の70%にあたるが、連結貸借対照表にはのせない。残り30%は親会社以外から出資されていることになる。

子会社資本の残りの30%は、親会社にとっては非支配株主持分となる。この分は連結貸借対照表上では純資産に計上する。

非支配株主持分　　**900万円**

プラス情報　連結グループ間で商品の売買取引を行った際、商品を販売した連結会社が計上した利益のことを内部利益という。内部利益は、その商品が連結外部に販売されることによって利益が実現する。

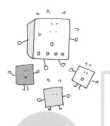

連結決算での原則　グループ会社間の取引は、グループ内部で行われた内部取引にすぎないので消去される。

連結決算での原則

● 連結損益計算書

内部売上…グループ会社間での売上を消去。

配当金…親会社の受取配当金と子会社の支払配当金を相殺消去。

内部利益…棚卸資産や固定資産の未実現利益を消去。

● 連結貸借対照表

資本…親会社が子会社の株式に投資した分と、子会社の資本は相殺消去。

債権・債務…グループ会社間でのお金の貸し借りは相殺消去。

内部利益…グループ会社間での商品在庫などでの利益を消去。

※相殺消去…プラス・マイナスを消し合うこと。

連結キャッシュフロー計算書に出てくる項目

　連結キャッシュフロー計算書の「新規連結に伴う現金及び現金同等物の増加額」は、新規の連結子会社が当期に発生した場合に出てくる項目です。連結に組み込むことが決まった子会社のキャッシュの増加を、現金及び現金同等物の期首残高に加算することになります。

　また、減少した場合は「新規連結に伴う現金及び現金同等物の減少額」という項目になります。ともに、新規で連結に加わる子会社がある場合に限り、連結キャッシュフロー計算書に出てくる項目になります。

　ただし、「新規連結に伴う現金及び現金同等物の増加額」に計上されるのは、新規で連結子会社が発生した場合で、なおかつ子会社の重要性が増したことによって、それまで非連結としていた子会社を連結子会社とした場合です。買収などのケースで、株式を新たに取得して新規連結に含めた場合は、「子会社株式の取得による支出」などという項目が用いられ、投資キャッシュフローに記されることになります。

プラス情報　親会社が子会社に利益をのせて商品を販売しているケースをダウンストリームといい、子会社が親会社に利益をのせて商品を販売することをアップストリームという。

前年比で実態を読み取ろう！③

「ワタミ」の決算書

Q 次の決算書から読み取れることはどれ？

1 労働生産性が大きく向上している。

2 安全余裕率が大きく低下している。

3 売上高営業利益率が上がっている。

損益計算書

(単位：百万円)

	34期（前期）	35期（当期）
売上高	90,928	60,852
売上原価	37,649	29,593
売上総利益	53,279	31,259
販売費及び一般管理費	53,187	40,949
営業利益（損失）	92	△ 9,689
営業外収益	1,039	2,580
営業外費用	782	1,062
経常利益（損失）	349	△ 8,171
特別損失	2,001	3,080
税金等調整前当期純損失	△ 1,652	△ 11,252
法人税等	1,320	305
当期純損失	△ 2,972	△ 11,557
非支配株主に帰属する当期純損失	△ 26	3
親会社株主に帰属する当期純損失	△ 2,945	△ 11,561

連結損益計算書関係 (販売費及び一般管理費の主要な費目)(単位：百万円)

	34期（前期）	35期（当期）
広告宣伝費	2,938	2,338
給料手当	18,702	11,192
消耗品費	904	654
減価償却費	2,146	1,683

2020年3月末と2021年3月末を決算日とする2期分（連結ベース）

主要な経営指標等の推移（一部抜粋）

（単位：人）

	34期（前期）	35期（当期）
従業員数	2,642	1,902
従業員数（平均臨時雇用者数）	6,368	3,184
従業員数（臨時雇用者含む）	9,010	5,086

労働生産性の向上は社員の能力によるもの！

　ワタミは、居酒屋チェーンとして有名かと思いますが、居酒屋以外の外食産業や宅食事業、農業や環境事業なども手掛けている上場企業です。**外食産業はコロナ禍の影響を大きく被っているので、ワタミの決算書にもそれがあらわれています。**

　従業員数は有価証券報告書に記載されています。また給料手当も有価証券報告書に「販売費及び一般管理費」の明細が記載されているので、そこから知ることができます。

 見るべきポイント！

（単位：百万円）

	2020年3月末（前期）	2021年3月末（当期）
従業員数（臨時雇用者含む）	9,010人	5,086人
売上総利益	53,279	31,259
給与手当	18,702	11,192

前期と当期を比較すると、従業員数も売上総利益も半分近くほど減少している。営業自粛要請や酒類の販売中止など、コロナ禍の影響を読み取ることができる。

会社にとっては、優秀な人材が占める割合が多いほうがいいに決まっているよね

　一人あたりの給与手当を計算すると前期が207万円、当期が220万円となっており、当期が増えているので、社員に比べると時給が低いアルバイトやパートを多く減らしたのではないかと推測できます。

　また労働生産性を計算すると、前期が591万円、当期が614万円となります。**労働生産性、すなわち、一人あたりの付加価値が高くなっているので、仕事に習熟している社員の割合が増えたことで、労働生産性が大きく改善したのではないかと思われます。**

答 **1**

数字が3桁ずつ
区切られるのはなぜ？

日本や中国はもともと4桁での区切り？

大きな数字は、3桁ごとにカンマで区切られているもの。たとえば100万1000円は「1,001,000」とあらわされます。よく使われている表現のため、3桁ごとにカンマで区切られていることを不思議には思わないかもしれませんが、もともと日本や中国では、4桁での区切りを使用していました。

そのことは、1万 =「1,0000」、1億 =「1,0000,0000」、1兆 =「1,0000,0000,0000」と漢字の単位では、4桁ずつ、つまり「0」が4つ加わるごとに増えていることでも見てとれます。

ですから、日本人が大きな数を数えるときは、「一、十、百、千、万、十万、百万、千万、一億、十億、百億、千億、一兆…」などと、万以上の大きい桁の数字だと「万」、「億」、「兆」という単位を目安に数えているのです。

英語が基準の3桁ごとの区切り

それではなぜ、3桁の区切りでカンマを入れるのでしょう。その理由は、英語に起源があります。英語では、日本と違って3桁ずつ単位が上がっていくためです。

1,000（千）はthousand、その次が1,000,000（百万）でmillion、その次が1,000,000,000（10億）でbillion、その次が1,000,000,000,000（一兆）で trillionです。したがって、10,000（1万）はTen thousand 、1千万（10,000,000）はTen millionと、3桁ずつの単位であらわされます。

4桁で区切ることが染み付いている日本人としては、学校で習ったこの英語の数え方が、しっくりこなかった人も多いことでしょう。ちなみにパソコンでなじみの深い、キロ（1,000）、メガ（1,000,000）、ギガ（1,000,000,000）、テラ（1,000,000,000,000）という単位も、3桁が基本になります。

巻末特集
&
索引

- 経営指標のまとめ
- 決算書から引く! 用語索引

経営指標のまとめ

決算書の分析によく使われる経営指標を収益性、安全性、成長性、生産性の4つの分類でまとめています。これらの経営指標を使いこなせば、基本的な経営分析は行えます。

収益性

	求め方	わかること
売上高営業利益率(%)	$\dfrac{営業利益}{売上高} \times 100$	効率よく稼げているかどうか。 高…収益性がよい 低…収益性が悪い
売上高総利益率(%)	$\dfrac{売上総利益}{売上高} \times 100$	商品力の有無。 高…商品力が高い 低…商品力が低い
売上高経常利益率(%)	$\dfrac{経常利益}{売上高} \times 100$	会社力の有無。 高…会社力が高い 低…会社力が低い
総資本回転率(回転)	$\dfrac{売上高}{総資本}$	会社の資源を有効に利用できているかどうか。 高…できている 低…できていない
流動資産回転率(回転)	$\dfrac{売上高}{流動資産}$	流動資産が売上にしっかり結び付いているか。 高…結び付いている 低…結び付いていない
固定資産回転率(回転)	$\dfrac{売上高}{固定資産}$	固定資産が売上にしっかり結び付いているか。 高…結び付いている 低…結び付いていない

	求め方	わかること
総資本利益率 (ROA) (%)	$\dfrac{経常利益}{総資本} \times 100$	会社に投下された資金がどれだけ利益を稼ぎ出しているか。 **高**…多く稼ぎ出している **低**…あまり稼ぎ出していない
自己資本利益率 (ROE) (%)	$\dfrac{当期純利益}{自己資本} \times 100$	自己資本がどれだけ利益を稼ぎ出しているか。 **高**…多く稼ぎ出している **低**…あまり稼ぎ出していない
損益分岐点 売上高(円)	$\dfrac{固定費}{1-（変動費÷売上高）}$	費用と収益の額が一致する金額。
損益分岐点 比率(%)	$\dfrac{損益分岐点売上高}{売上高} \times 100$	売上高に対して損益分岐点売上高がどの位置にあるか。 **100%以下**…余裕がある **100%以上**…余裕がない
売上債権 回転期間 (月)	$\dfrac{売上債権}{売上高÷12} \times 100$	売上債権が現金化するまでの平均的な期間。 **短**…現金化が早い **長**…現金化が遅い
売上債権回転率 (回転)	$\dfrac{売上高}{売掛金+受取手形}$	売掛金を回収できているかどうか。 **高**…回収できている **低**…回収できていない
棚卸資産 回転率 (回転)	$\dfrac{売上高}{棚卸資産}$	棚卸資産が1年間で何回転しているか。 **高**…商品が売れている **低**…商品が売れていない
在庫回転日数 (月)	$\dfrac{棚卸資産}{売上原価÷365}$	棚卸資産が何日分の売上原価に該当するか。 **短**…商品が売れてる **長**…商品が売れていない

安全性

経営指標	求め方	わかること
流動比率（%）	$\dfrac{流動資産}{流動負債} \times 100$	短期的な支払い能力。 高…支払い能力がある 低…支払い能力がない
当座比率（%）	$\dfrac{当座資産}{流動負債} \times 100$	換金性の高い資産を用いた短期的な支払い能力。 高…支払い能力がある 低…支払い能力がない
自己資本比率 （%）	$\dfrac{自己資本}{総資本} \times 100$	会社として借金が多すぎないかどうか。 高…借入が少ない 低…借入が多い
固定比率（%）	$\dfrac{固定資産}{自己資本} \times 100$	固定資産を過剰な借入金で購入していないか。 高…安全性が低い 低…安全性が高い
固定長期適合率 （%）	$\dfrac{固定資産}{自己資本 + 固定負債} \times 100$	自己資本に固定負債を加えた金額で固定資産をまかなえているか。 高…安全性が低い 低…安全性が高い
利益剰余金比率 （%）	$\dfrac{利益剰余金}{総資本} \times 100$	利益剰余金がどの程度あるか。 高…余裕がある 低…余裕がない
手元流動性比率 （%）	$\dfrac{現金預金 + 有価証券}{売上高 \div 12} \times 100$	月の売上高に占める現金預金、有価証券。 高…余裕がある 低…余裕がない

成長性

	求め方	わかること
売上高伸び率 (%)	$\dfrac{当期売上高-前期売上高}{前期売上高} \times 100$	前期比での伸び率。 高…成長している 低…成長していない
売上高研究 開発費率(%)	$\dfrac{研究開発費}{売上高} \times 100$	売上高に占める研究開発費がどの程度か。 高…成長力がある 低…成長力がない

生産性

	求め方	わかること
労働生産性 (円)	$\dfrac{付加価値}{従業員数}$	従業員1人あたりの付加価値。 高…生産性が高い 低…生産性が低い
売上高 付加価値率(%)	$\dfrac{付加価値}{売上高} \times 100$	自社加工度がどれだけ高いか。 高…自社加工度が高い 低…自社加工度が低い
労働装備率 (円)	$\dfrac{固定資産}{従業員数}$	従業員1人あたりがどの程度の設備を保有しているか。 高…機械化が進んでいる 低…機械化が進んでない
労働分配率 (%)	$\dfrac{人件費}{付加価値} \times 100$	付加価値が労働者にどの程度配分されているか。 高…人件費が高い 低…人件費が低い

決算書から引く！ 用 語 索 引

表の用語が関連するページをすぐに探せる、
決算書の形式に合わせた索引です。

P22 損益計算書

自○○年4月1日 至○○年3月31日　　　（単位：千円）

P34,122,158,174 178,180,202,220 → 売上高		1,000,000
P36,222 → 売上原価		
P39 → 　期首商品棚卸高	200,000 → P38	
当期商品仕入高	500,000 →	
P26,131,226,228 → 　　合　　計	700,000	
期末商品棚卸高	100,000	600,000
P40,128 → 売上総利益		400,000
販売費及び一般管理費		
P41,232 → 　給料	40,000	
P41 → 　支払家賃	30,000	
P41,42,204 → 　減価償却費	20,000	
P41,43 → 　貸倒引当金繰入	10,000	100,000
P26,158 → 営業利益		300,000
営業外収益		
受取利息	9,000	
有価証券利息	7,000 → P45	
有価証券売却益	6,000	
受取配当金	8,000	30,000
P44 → 営業外費用		
P45,146 → 　支払利息	1,000	
P45 → 　社債利息	3,000	
有価証券評価損	2,000	
雑損	4,000	10,000
P26,166 → 経常利益		320,000
特別利益		
固定資産売却益 → P47,144		50,000
P46 → 特別損失		
P26 → 　火災損失 → P46		20,000
P48,134 → 税引前当期純利益		350,000
法人税等		140,000
P30,124,133,170 → 当期純利益		210,000

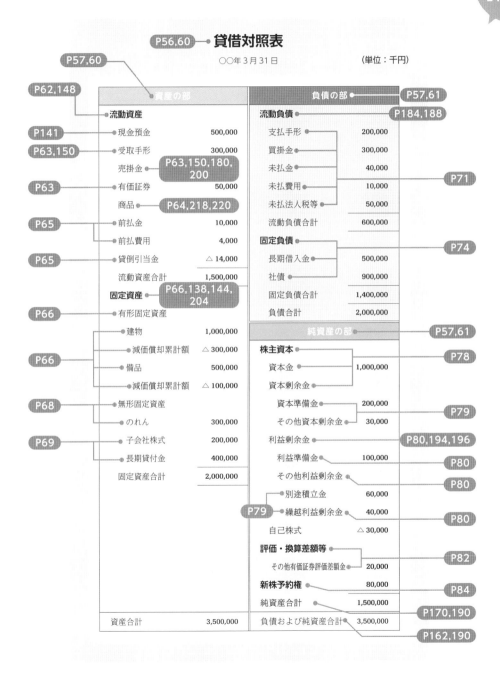

貸借対照表

P56,60

P57,60

○○年3月31日　　　　　　（単位：千円）

資産の部		負債の部	
流動資産		**流動負債**	
現金預金	500,000	支払手形	200,000
受取手形	300,000	買掛金	300,000
売掛金		未払金	40,000
有価証券	50,000	未払費用	10,000
商品		未払法人税等	50,000
前払金	10,000	流動負債合計	600,000
前払費用	4,000	**固定負債**	
貸倒引当金	△ 14,000	長期借入金	500,000
流動資産合計	1,500,000	社債	900,000
固定資産		固定負債合計	1,400,000
有形固定資産		負債合計	2,000,000
建物	1,000,000	**純資産の部**	
減価償却累計額	△ 300,000	**株主資本**	
備品	500,000	資本金	1,000,000
減価償却累計額	△ 100,000	資本剰余金	
無形固定資産		資本準備金	200,000
のれん	300,000	その他資本剰余金	30,000
子会社株式	200,000	利益剰余金	
長期貸付金	400,000	利益準備金	100,000
固定資産合計	2,000,000	その他利益剰余金	
		別途積立金	60,000
		繰越利益剰余金	40,000
		自己株式	△ 30,000
		評価・換算差額等	
		その他有価証券評価差額金	20,000
		新株予約権	80,000
		純資産合計	1,500,000
資産合計	3,500,000	負債および純資産合計	3,500,000

251

キャッシュフロー計算書

P92

自○○年4月1日 至○○年3月31日 （単位：千円）

P92,98,178
P96,100
P98
P100
P100
P100
P100
P100
P94,102,111
P103
P103
P103
P103
P94,104,146
P104
P104
P104
P104
P104
P97
P97
P97,140,224

営業活動によるキャッシュフロー	
税引前当期純利益	15,000
減価償却費	2,000
貸倒引当金の増加額	500
受取利息及び受取配当金	△ 400
支払利息	300
有価証券売却益	△ 200
有価証券評価損	300
固定資産売却損	1,000
売上債権の増加額	△ 8,000
棚卸資産の増加額	△ 500
仕入債務の増加額	2,000
小　計	12,000
利息及び配当金の受取額	300
利息の支払額	△ 400
法人税等の支払額	△ 4,900
営業活動によるキャッシュフロー	7,000
投資活動によるキャッシュフロー	
有価証券の取得による支出	△ 250
有価証券の売却による収入	350
有形固定資産の取得による支出	△ 9,000
有形固定資産の売却による収入	4,400
投資活動によるキャッシュフロー	△ 4,500
財務活動によるキャッシュフロー	
短期借入れによる収入	1,500
短期借入金の返済による支出	△ 1,000
長期借入れによる収入	2,000
長期借入金の返済による支出	△ 500
配当金の支払額	△ 1,500
財務活動によるキャッシュフロー	500
現金及び現金同等物の増加額	3,000
現金及び現金同等物の期首残高	42,000
現金及び現金同等物の期末残高	45,000

五十音から引く！ 用 語 索 引

決算書に関する用語を、五十音順に調べられる索引です。

あ

預り金	71
粗利益率	131
安全性	15
安全余裕率	176
意匠権	69
一時差異	137
1年基準	58
一般会計	125
一般債権	150
売上債権	65
売上債権回転期間	247
売上債権回転率	165,181,247
売上総損失	25
売上高営業利益率	159,246
売上高経常利益率	168,246
売上高研究開発費率	203,249
売上高総利益率	131,160,246
売上高伸び率	249
売上高付加価値率	230,249
売上高変動費比率	176
売上割戻引当金	72
運用形態	56
永久差異	137
営業活動	14
営業損失	25
EDINET	19
M&A	68,106,209

か

会社更生法	199
拡張投資	143
貸倒懸念債権	150
貸倒損失	151
課税所得	48,137
合併	209,211
株式公開	211
株主資本	206
株主資本等変動計算書	60,207
株主割当増資	104
貨幣性資産	60

仮登記担保	151
間接金融	77
間接法	95
関連会社	238
関連会社株式	69
期首製品棚卸高	39
期末製品棚卸高	39
キャッシュフロー計算書	11,92
キャッシュフローマージン	179
吸収合併	209
繰延資産	58
繰延税金資産	65,83,136
繰延ヘッジ損益	83
黒字倒産	97
経常損失	25
経年比較	144
経費	36,128
決算期	17,38
決算賞与	133
欠損金	197
原価率	214
研究開発費	202
現金主義	35
現金同等物	95
減資	78
広告宣伝費	41
公的資金	183
公募増資	104
合理化投資	143
子会社	237,238
子会社株式売却益	47
子会社株式売却損	47
国際財務報告基準（IFRS）	90
固定資産回転率	164,205,246
固定資産税	49
固定資産売却損	47
固定性配列法	59
固定長期適合率	193,248
固定費	43,175
固定比率	192,248

さ

災害損失	47
債券	74
在庫回転日数	223,247
在庫管理	222
債務超過	198
滞留在庫	148
C/F	92
仕入債務	70
時価会計	139
仕掛品	64
時価主義	60
時価総額	123
事業税	48
資金運用	126
資金ショート	186
資金調達	14
自己資本比率	191,248
自己資本利益率（ROE）	170,247
資産	11
質権	151
実現主義	34
実用新案権	69
支払保険料	41
資本参加	69
社債	44,74
社債利息	45
社内留保	133
収益	10,22
収益性	159
従業員1人あたりの付加価値	229
修繕引当金	72
住民税	48
出資	76
取得価額	139
取得原価主義	60
取得原価主義会計	138
純売上高	35
純資産	11
商標権	69
商品管理	218
商品評価損	37
商品力	161
商品ロス	39
賞与	41
賞与引当金	72
新株予約権付社債	85

新規事業	109
人件費	40,232
新設合併	209
水道光熱費	41
ストックオプション	84
税効果会計	48,83,136
正常営業循環基準	58
製造原価報告書	37
製造原価明細書	37
税引前当期純損失	25
製品保証引当金	72
接待交際費	41
設備投資	102,193,204
戦略投資	143
総売上高	35
増資	104,207
総資本	59
総資本回転率	163,168,246
総資本経常利益率	167
総資本利益率（ROA）	166,168,247
租税公課	49
その他の資産	65
ソフトウェア	69
損益計算書	10,22
損益分岐点売上高	175,247
損益分岐点比率	176,247
損金	136

た

第三者割当増資	104
貸借対照表	11,56
退職給付引当金	72,74
棚卸減耗費	37
棚卸資産	64
棚卸資産回転日数	223
棚卸資産回転率	165,221,247
短期借入金	71
単独決算	237
担保預金	189
地方債	74
調達源泉	56
直接金融	77
直接法	95
著作権	69
通信費	41
つなぎ資金	72
DCF法	211

定額法 42
低価法 149
抵当権 151
定率法 42
手元流動性比率 195,248
転換社債 75
当期 38
当期純損失 25
当期製品製造原価 39
当座資産 62
当座比率 188,248
投資活動 14
投資有価証券 69,82
土地再評価差額金 83
特許権 69
取替投資 143

な

内部留保 132
入出庫料 148
根抵当権 151

は

買収 68,211
配当金 33
配当性向 133
破産更生債権 150
発行済株式総数 123
B/S 56
P/L 22
非支配株主 238
非支配株主持分 84,238
費用 10,22
費用収益対応の原則 36
費用性資産 60
付加価値 26,226
複式簿記 25
福利厚生費 233
負債 11
普通社債 75
フリーキャッシュフロー 110
不良在庫 148
不渡り 73
粉飾決算 18,200
変動費 43,175
返品調整引当金 72

法人税 30,48,134
法人税等調整額 136
法人税率 135
法定実効税率 49,135
法定準備金 81
法定福利費 41
保管料 148

ま

前受金 71
前受収益 72
未払消費税 72
民事再生法 199
持分法 238

や

有形固定資産増加率 142
有利子負債 73
与信管理 179

ら

リース資産 68
利益 10,22,32
利益剰余金比率 195,248
利益調整 47
流動資産回転率 164,246
流動性配列法 59
流動比率 184,248
旅費交通費 41
レバレッジ効果 146
連結キャッシュフロー計算書 ... 241
連結決算 19,84,236
連結損益計算書 238
連結貸借対照表 85,240
連鎖倒産 181
労働生産性 229,249
労働装備率 231,249
労働分配率 233,249

わ

ワラント債 75

著者 **南 伸一** （みなみ しんいち）

簿記の教室メイプル代表、鹿児島県生まれ。大手監査法人における監査業務を経験したのち1997年に簿記の教室メイプルを開講。20年以上にわたり多くの簿記検定試験合格者を輩出している。また、講師業のかたわらで、複数の大企業において経理・財務業務等に携わったり、企業の監査役なども務めるなど、豊富な実務経験をもつ。著書は『イラスト&図解 イチバンやさしい簿記入門』（西東社）など多数ある。

イラスト	オフィスシバチャン
デザイン	中村理恵・芝 智之（スタジオダンク）
DTP	linon
校閲	岡安俊幸
編集協力	コンテンツ

※本書は、当社刊『オールカラー"ギモン"から逆引き! 決算書の読み方』（2016年4月発行）を再編集し、書名・内容・価格等を変更したものです。

誰でもわかる 決算書の読み方1年生

2021年11月30日発行　第1版
2024年11月 5 日発行　第1版　第4刷

著 者	南 伸一
発行者	若松和紀
発行所	株式会社 西東社
	〒113-0034　東京都文京区湯島2-3-13
	https://www.seitosha.co.jp/
	電話　03-5800-3120（代）

※本書に記載のない内容のご質問や著者等の連絡先につきましては、お答えできかねます。

ISBN 978-4-7916-3126-1